日本と世界の
新世紀ビジョン

私が総理大臣ならこうする

フェア党党首
大西つねき

白順社

はじめに

本書のタイトルをご覧になって、皆さんは驚かれたかもしれません。そもそも私のような無名の人間がつけるようなタイトルではないからです。しかし私は、自分が誰なのか、その肩書が何なのかは全く関係ないと思っています。なぜなら、今の日本の総理大臣に必要なことはそんなことではないからです。では、何が必要なのか？　それを私は本書で皆さんに伝えるつもりです。

とは言え、あまりに無名で警戒されても困るので、ここで簡単な自己紹介をしておきます。私はフェア党の党首、大西つねきといいます。フェア党といっても政党要件を満たしませんので、ただの一般政治団体です。生まれは東京都荒川区。ちょうど前回の東京オリンピックの年、1964年生まれです。82年に上智大学外国語学部英語学科に入学し、在学中にシアトル大学に政治力学専攻で留学、帰国後にJ・P・モルガン銀行に入行しました。外国為替ディーラーとしてキャリアを積んだ後、やはり米銀のバンカース・トラスト銀行に移籍し、そこでもやはり外国為替、株や債券先物などのトレーダーとして金融市場にどっぷり漬かっていました。しかし、お金でお金を作り出すだけの仕事に疑問を感じ、退職してインターネット接続サービスの会社を立ち上げ、その会社は現在も続けています。一方、2008年のリーマンショックと世界金融危機を経て、2011年の東日本大震災後の復興支援ボランティアに従事するうち、今の金融システムがいかに実体経済からかけ離れているか、そしてそれがいかに搾取的で、地球や人々に無理を強いているかを痛感し、通貨発行の仕組みから根本的に変えるために政治団体を設立しました。その仕組みが全ての問題の中心にあり、これを変えることは地球の歴史の必然であり、今を生きる我々大人の責務だと確信したからです。それは本書でも存分に説明していますが、これまでもそれをなるべく多くの人に伝えるために、言わば「ボランティア政治家」として動画配信や講演活動などをずっと行ってきました。2017年に神奈川8区から衆議院選挙に出た時は、その約2年前から毎日街頭演説も行いましたが、結果は落選。やはりこのような本質的な話は、ある程度落ち着いた環境で時間を取って聞いていただかなければならないと思い直し、その後はさらに発信を質、量とも充実させ、本書を書くに至っています。

　それにしてもこの書名、なんとまた大それたタイトルを、とお思いかもしれません。私がこんなタイトルを平気でつけられる理由は、私がこれを自分のためにやっていないからです。もし自分のためにやっているのなら、もう少し大人しくして、その野望を巧妙に隠しながら周りに推されるのを待つでしょう。なぜなら、個人的な野望は、表に見えた瞬間、他人の野望とぶつかる運命にあり、通常は逆効果になるからです。しかし、私が抱いているのは野望ではありません。純粋な希望です。そこに私がいてもいなくても、こんな未来が来て欲しい、みんなでそこへ行きたいという希望。それならばむしろ、なるべく多くの皆さんに見てもらった方が良い。私にできることは、そこへ至る道筋を示し、アイデアを語り、未来のビジョンを見せ、皆さんの心を動かそうとするだけです。もし多くの方々の心が動けば、逆に私がいようがいまいが関係なくなります。皆さんがその未来を実現するでしょう。だから、私が誰だろうが関係ないと言ったのです。大事なのはアイデアとその共有だからです。ただ私は、その言い出しっぺの責任として、「じゃあ、お前がやれ」と言われた時のために、そこまでの役割を引き受ける覚悟を込めて、このようなタイトルをつけました。ですから敢えて、「私が総理大臣なら――」というシンプルな仮定形にしたのです。「だったら」という空想的な仮定形でも、「になったら」という予定がある風の仮定形でもなく、もちろん「なる」とも「なりたい」とも言わず、単に「なら」としたのは、それを決めるのはあくまでも皆さんであり、未来は全く真っ白だというニュアンスを込めたかったからです。ですから、後は皆さん次第です。というより、あなた次第です。なぜなら、この世には皆さんなどという人は存在せず、一人ひとりのあなたがいるだけであり、どんな大きな数も、その一人ひとりの積み上げに過ぎないからです。したがって、あなた自身がどう思うか、あなたの心がどう言うか。本書を読んで、是非その声に耳を傾けていただきたいと思います。

＊目次

はじめに　3

第一章　現状認識

国の借金の大ウソ　14
日本は世界一のお金持ち国　15
生産性の高さの証明　17
アメリカ合衆国の深い闇　18
終わりのないババ抜き　21
黒字は使わなければ意味がない　24

第二章　我々は何を間違え続けて来たか？

戦後の成功体験の思い込み　28

幸せの本質とGDP　29
1985年、プラザ合意で全てが変わった　32
バブルの発生と崩壊　34
349兆円分のタダ働き　36

第三章　政府の借金を税金で返してはいけない

政府の借金の原因は「収入＜支出」ではない　40
日銀はお金を刷らない　42
お金の発行の仕組み　44
日銀の仕事とは何か？　49
増え続けるお金と借金　51
高度経済成長期からバブル崩壊へ　53
38年間のデータで見る日本の姿　55
政府の借金＝お金の発行　57
税金で政府の借金は返せない　61
プライマリーバランスという思考停止　63

第四章　お金の本質について
灰色の男たち　70
身の回りで起きていること　74
お金の裏付け　79
子どもたちの未来のために　83
第五章　私たちがすぐにやるべきこと
政府通貨の発行　90
政府の借金を政府通貨で返す　91
新しい金融政策のあり方　95
お金を配れ――黒字還付金の実施　98
よくある懸念や疑問　100
第六章　国家経営のあるべき姿
国家経営の本質　116
今こそ徹底すべき日本経営のポイント　119

第七章

日本から世界を変えよう

何のための日本経営か？ 134
所有と支配の金融資本主義 136
マインドセットを変える 139
仕事の概念を変える 141
お金を配ってインフレを起こす 144
実質金利をゼロまたはマイナスにする 146
お金の逃げ道を塞ぐ 149
年金の運用について 152
社会保障を根本から考え直す 154
国家経営とベーシックインカム 157
ベーシックインカムの正しい考え方 160
本当に自由闘達な社会を作る 163
利益は誰のために、何のために必要か 166
日本の産業構造の転換 169

第八章　土地を公有化する
土地神話からの脱却　174
土地の処分権を停止する　176
政府による買取保証制度　179
十分な移行期間を設ける　181
借金の鎖からの開放　183
政府通貨による土地の買い取りの金融的インパクト　185
土地の公有化の意義　187
第九章　世界の中の日本
ブギーマンはいない　194
敗戦を克服すること　197
誰が独立を妨げるのか　204
現実を直視する　207
真の安全保障戦略　210
何のために生き、死ぬか　214

日本が果たすべき役割　219
もはや一刻の猶予もない　223

第十章　日本の政治状況と取るべき戦略

人々の認識という巨大な壁　228
どの選挙でどう戦うか？　232
インターネット時代のメディア戦略　236
２０１９年の参議院選に向けて　239

おわりに　243

資料
フェア党理念（２０１５年5月19日）　250

第一章　現状認識

日本の方向性を論じる以前に、まず皆さんに確認していただきたいのは現状認識です。今、私たちの国がどういう状態にあるか。なぜ、どうしてそうなったのか。それが明確にならなければ次の一歩は踏み出せません。患者を的確に診断できない医者が治療を施せば、患者を殺しかねないのです。今の日本は正にそんなニセ医者たちによって切り刻まれようとしています。いや、もしかしたら、私たちはそのために生かされているのかもしれません。いずれにしても、もうあまり時間はありません。患者は瀕死の状態です。今こそニセ医者たちにご退場いただき、本物の医者による治療を始めるべきです。

国の借金の大ウソ

この国に蔓延する最も大きなウソ、それは国の借金です。毎年のように大手新聞の一面には「国の借金、1000兆円、1人あたり800万円」という見出しが踊りますが、これは明らかな間違いです。それはあくまでも政府の借金であって、国の借金ではないのです。

国と政府は違います。国=政府ではなく、国とは政府と民間の両方を合わせたものです。そして、政府は確かに1000兆円余りの借金を負っていますが、そのほとんどは民間が貸しています。つまり、貸し手も借り手も日本、これは国の中での貸し借りの話であって、国の借金ではないのです。

もう少し説明しましょう。ご存知の通り、日本政府の国債の90％以上は日本の機関投資家が保有しています。これを大手マスコミが知らないはずがありません。機関投資家とは銀行、生命保険会社、損害保険会社、年金運用基金など。要するに皆さんの資産を集めて運用する機関が機関投資家で、彼らが日本政府の借金のほとんどを貸している。つまり、皆さんが間接的に政府にお金を貸していることになります。貸しているのだから、これは「資産」です。1人あたり800万円の資産であって、借金ではない。恐らく大手マスコミは、これを後払いの税金として考えるから「国の借金、1人あたり800万円」として煽るのでしょうが、それでも税金は皆さんの資産から払われるのですから差し引きゼロ、これは国内で完結する話です。ですから、少なくともこれを国の借金とするのは間違いです。あくまでも政府の借金（＝日本国民の資産）であることをまずご理解いただきたいと思います。

そして逆に、国家として見れば日本は世界一のお金持ち国なのです。

日本は世界一のお金持ち国

日本が世界一のお金持ち国だという事実は、インターネットのGoogleで検索すればすぐに確認できます。「主要国の対外純資産」とタイプして検索をクリックすれば、一番上に出て来るのは表1（次ページ）の財務省の資料です。これを見ると、一番上に「日本349兆1120億円（平成28年

■表1:主要国の対外純資産

日本	349兆1,120億円（平成28年末）
中国	210兆3,027億円（平成28年末）
ドイツ	209兆9,234億円（平成28年末）
香港	137兆9,031億円（平成28年末）
スイス	98兆318億円（平成28年末）
英国	67兆2,470億円（平成28年末）
ロシア	26兆5,082億円（平成28年末）
カナダ	16兆3,802億円（平成28年末）
イタリア	▲27兆6,613億円（平成28年末）
フランス	▲43兆2,335億円（平成28年末）
アメリカ合衆国	▲947兆2,074億円（平成28年末）

日本以外の計数は、IMFで公表されている年末の為替レートにて円換算。中東諸国等については計数が公表されていない。
出典:財務省資料、各国資料（中国及びイタリア）、IMF資料（その他）より筆者作成

末）」とあります。

対外純資産とは、その国が海外に投資して（貸して）いる金額から、海外から投資されて（借りて）いる金額を差し引いた金額のことです。投資とは政府債券や社債、株式、土地などの資産を現地通貨で保有することであり、確かに日本も海外から投資を受けています。しかし、それよりも遥かに多くの金額を海外に投資しているのです。そして、その差し引き金額が世界で最も多いということが財務省の資料に明記されています。これのどこが「国の借金、1人あたり800万円」なのでしょう？ それを言うなら、「国の資産、1人あたり270万円」が正解です。もちろん、これは世界に類を見ない金額で、だから日本は世界一のお金持ち国である。それが財務省発表の、紛れもない事実です。

生産性の高さの証明

日本が世界一のお金持ち国になった本質的な理由は、日本が世界一の生産性を誇るからです。もちろんそうなるためにかなり無理をした感はありますが、それについては後述するとして、少なくとも日本が世界一の生産性を誇ることは間違いありません。

よく日本のホワイトカラーの生産性が低いと言われますが、それは大きな間違いです。その時に引き合いに出されるホワイトカラーの生産性とは、単にホワイトカラーの給与を為替換算して国際比較したもので、今の為替レートも日本人の給料も、政治的に著しく歪められています。それがどういう意味かは本書を読み進めればわかっていただけると思いますが、要するに無意味な比較だということです。日本のホワイトカラーの生産性が低いなどという言説は、今すぐゴミ箱に捨てて下さって結構です。

日本の生産性の高さは、海外から成田空港に戻り、トイレに入っただけでわかります。たかがトイレ、されどトイレです。用を足すためだけに、これほど快適な空間を提供してくれる国が他にあるでしょうか？　生産性とは、生み出す付加価値の大きさです。いかに何もないところから、または原材料のような低価値のものから高価値のものを作りだすか。その差が付加価値であり、生産性の本質です。そして付加価値が大きければ大きいほど、つまり生産性が高ければ高いほど、その対価も大きいということです。

さて、もう一度表1を見て下さい。日本は世界一のお金持ち国です。そうなった理由は、もちろんずっと黒字を稼ぎ続けて来たからです。その累計額が世界一だから、世界一の純資産国になっているのです。戦後ずっと、自分たちが消費（輸入）する額よりも遥かに多くの額を生産（輸出）し続けたから、そしてそれを可能にするだけの付加価値を生産し続けたから、その対価として世界一の黒字が貯まっている。しかも日本は、戦後の賠償やドル借款などのマイナス状態からここまでになっているのです。これこそが日本の生産性の高さの証明であり、それが世界一であることは世界最大の純資産を見れば明らかです。

アメリカ合衆国の深い闇

ちなみにホワイトカラーの生産性が高いと言われているアメリカ合衆国、彼らを表1で探せば、一番下まで探さなければなりません。正にあり得ない金額、947兆円もの対外純債務を負う世界一の借金大国、それがアメリカです。彼らの付加価値がどんなものか、例えばニューヨークの空港からダウンタウンまで車で走ってみればわかります。道路が穴だらけです。ポットホールと言いますが、これも「pothole New York」とGoogleに入力し、画像検索していただければ、写真がたくさん出て来るのでどんなものか確認できます。なかなか大変な状況ですが、それも宜なるかな、あまり人の体型のことは言うべきではありませんが、あれだけ大きな人たちが大きな車で移動し、その人たちの衣食住を賄うために大量の物資が行き交えば、それは穴も開くでしょう。そうやって地球の資源をがぶ飲みし、相対的に少ない付加価値しか提供できないから消費（輸入）が生産（輸出）を上回り、足りない分を世界中から借りざるを得ない。その結果が、この９４７兆円分もの、もはやまともに返すことなど不可能なほどの対外純債務です。普通の国ならこんなことは絶対にあり得ません。とっくの昔に破綻し、ＩＭＦの管理下に置かれているからです。しかし唯一アメリカだけがそうならないのは、世界が極めて政治的に歪められているからです。アメリカドルが国際取引の決済通貨、特に原油の決済通貨であり続けたこと、そしてその国際決済通貨であるドルを、世界で唯一勝手に発行できるということ、そして、その問題を覆い隠す力による外交、特に日本のような従属的な国との関係、為替レートの恣意的な操作など、恐らく見えていないことも含めれば、その闇の深さは想像を絶します。その根本を問うこともなく、単にホワイトカラーの給料を今の為替レートで換算して国際比較したところで、何の意味もないどころか、日本人に対する侮辱です。アメリカのホワイトカラーが高い給料を取れるのは、そのお金を外国（特に日本）から借りているからに過ぎません。そして、その換算の元となる為替レートは、外国が否応なしにアメリカに貸し続けている（ドルに投資し続けている）から、何とか今の水準を保っているに過ぎません。

私はかつて、J・P・モルガン銀行というアメリカの銀行で為替ディーラーとして働いていました。その私の経験から言えば、ドル／円の為替レートは50円以下になっても全く不思議ではありません。なぜなら、世界中が947兆円分もアメリカに貸しているということは、それだけ世界中がアメリカドルに投資、つまり約9兆ドルも保有しているということであり、それを誰かが売り出そうものなら、もう買い手など存在しない底なし沼になるからです。もはや、ドルは紙くずに近いことを誰もが知っています。だから、世界的なドル離れを防ぐために金利を上げざるを得ないのです。しかし、世界はすでにドル離れを始めています。ロシアと中国はとっくの昔にルーブルと人民元での決済を始めていますし、ドイツも人民元を外貨準備に加えると発表。人民元建ての原油先物相場も立ち上がり、イランは原油決済をドルからユーロに切り替えました。恐らく日本だけでしょう。世界一の対外資産を持ちながら、いつまでも盲目的にアメリカに追随しているのは。このまま行けば、紙くずになったドルを最後まで持たされ、生贄になることは免れません。

トランプ大統領などはもちろんこの問題は把握していて、だからディール外交を進めているのです。彼の言っていることは就任前から一貫しています。「アメリカ製品を買え、アメリカの雇用を守れ」。それがどういうことなのか、**表1**を見れば一目瞭然です。単純に、どうしようもなくなった947兆円分の世界一の借金を減らそうとしているだけです。彼はビジネスマンです。そのお金を取り戻すことしか恐らく頭にない。お金だけです、彼が求めているものは。だから売れるものなら何でも売りま す。武器はもちろん、遺伝子組み換え食品、詐欺的金融サービス、法外な医薬品。なぜなら、もはやまともに返すことなどできるはずがない金額だからです。あとは奪うしかありません。どこからどうやって奪うのが一番簡単か？　これも表1を見れば一目瞭然です。最もお金を持ち、最も従順な国から奪えば簡単です。それが今の日米関係の本質です。皆さんは、生きたままアメリカに少しずつ肉を切り取られて最後に息絶えるか、死ぬ気で彼らから独立するか、どちらがよろしいでしょう？　この問いは、また後ほど皆さんに問うつもりです。

終わりのないババ抜き

さて、ここまでの説明で、日本が世界一のお金持ち国であることはわかっていただけたと思います。では、その実感は皆さんにあるでしょうか？　恐らくほとんどの人はピンと来ないのではないかと思います。それは一体なぜでしょう？

実は、これには明確な理由があります。それは皆さんが、そのお金をほとんど使えていないからです。まず、世界一の対外純資産がいかにして積み上がったかと言うと、毎年経常収支が黒字だったからです。経常収支とは、貿易収支（貿易など）、サービス収支（観光など）、所得収支（配当や金利など）、経常移転収支（海外援助など）の四つの収支の合算で、受け取るお金が多ければ（例えば、輸出＞輸入、観光収入＞観光支出、受取配当＞支払配当、被援助＞援助であれば）黒字となり、逆なら赤字となります。

日本はこれ（特に貿易黒字）がずっと黒字だったから、その分のお金が貯まり、世界一のお金持ち国になったというわけです。

しかし、ここに大きな問題があります。黒字は外貨で貯まるのです。なぜなら、国際決済は基本的に外貨、主にドルで行われてきたからです。輸入の代金をドルで払い、輸出の代金をドルで受け取れば、黒字も差し引きドルです。だから、財務省の資料には確かに349兆円とありますが、実際は約3兆ドルの外貨です。つまりどういうことか？ドルは日本では使えません。投資する場所もない。だから海外に投資せざるを得ないのです。これは国際収支の式からも確認できます。国際収支は次の式で表されます。

経常収支＋資本収支＝外貨準備増減

１００＋（－１００）＝０……①

１００＋（－70）＝＋30……②

この式のうち、経常収支と資本収支は民間部門で、外貨準備は政府部門です。経常収支は前述した四つの収支の合算、そして資本収支は投資収支であり、海外から投資を受ければプラス、海外に投資すればマイナスとなります。つまり、もし経常収支が黒字（＋１００）であればその分、**資本収支－１００**（海外への投資）となるか（①）、一部が投資（－70）されれば、残りを政府日銀が買い取り、外貨準備増（＋30）になる（②）。いずれにしても、民間の海外投資も政府の外貨準備も、外貨のまま海外に投資されます。つまり、黒字分の外貨は、海外に置かれたまま永遠に日本には入って来ない、日本人のためには使われないということになります。

この話をするとよく、「その外貨を売って円に替え、日本に持ち込めば良いじゃないか」と言う人がいます。確かに普通の人の感覚で言えばそうかもしれません。為替市場でドルを売って、その分の円を買えばいい。しかし、これは3兆ドルの話です。円にして実に349兆円。それだけの円を、世界の誰が売ってくれるのでしょう？　円は日本でしか発行されません。基本的に日本人しか持っていないのです。仮に外国人が持っていたとしても、それはその分のドルを日本人の誰かが買って、円を売ったからであり、それを売り戻す分しかありません。そして、その3兆ドル分の外貨は、それを日本人がお金（円）で買ったからではなく、モノやサービスという実体価値を売った対価として貯まったもので、円の流出なしに外貨だけが貯まっているのです。ですから、その分の円は海外には存在しません。日本人だけがそれを売ってくれる可能性がありますが、日本人同士で売り買いしても、それは外貨がババ抜きのように日本人の間を巡るだけで、国家としては何も変わりません。何も変わらないどころか、皆がそのババを為替市場で押し付け合うわけですから、円高に進む可能性が高いのです。特に毎年黒字（外貨）が増えている状況では、その分の円も同時に増えなければ、相対的に少なくなった円の奪い合いになり、円高プレッシャーは必至です。唯一日銀だけが、円を市場に提供しながらドルを回収することができますが（他のプレーヤーは発行済の円を市場から調達しているので円の量は増やせない)、日銀は伝統的に「不胎化介入」と言って、為替市場でドルを買って円を供給する時には、それがマネー供給量に影響しないように、マネー市場でその分の円を減らす操作を行う場合が多かったのです。これは、為替政策と金融政策を分けるためですが、その是非は置いても、結果的にババが増え続けるババ抜きと化した為替市場で円高が進み、それが我々の首を締め続けた。そして、結局その外貨は全て海外に貸しっ放しで日本には入って来ない。故に私たちのためには使われない。だから、世界一のお金持ち国と言われても、全くピンと来ないのは当たり前なのです。

黒字は使わなければ意味がない

実は、海外に貸しっ放しの外貨を取り戻し、その分の富を日本に持ち込む方法が一つだけあります。それはその外貨を、モノやサービスという実体価値に換えて、国内に持ち込むことです。つまり、それを使って輸入をするとか、海外に観光に行くとかするのです。お金は使わなければ意味がありません。例えばこれを家庭に例えるなら、どの家よりも稼いでいる家庭なのに、そのお金は全く使わずに誰かに貸しっ放しということです。いくら稼いでいても、その分の実体価値が家の中に入って来ないのですから、給与明細でも見ない限りわかりません。それこそ、何も知らない子どもたちは貧困家庭だと勘違いするかもしれません。それが正に今の日本の状況なのです。

　我々が本来しなければいけなかったのは、そのお金を使って実体価値を国民に提供することでした。それだけの黒字を稼いでいるなら、もうそれ以上必死に働かなくても良かったのです。その分少なく働き、なおかつ給料も上げる。そうすれば輸出も減り、輸入が増えます。その結果、黒字も減りますが、それで正解です。それが国民のために黒字を使うということです。少なく働いて給料も上がれば、その分余暇が増え、国内でお金が回ります。つまり消費が増えるということであり、消費が増えれば、人々が享受する実体価値が増えます。それこそが日本がやるべきことだったのですが、ここまでお読みになって、皆さんはもう気づかれたと思います。我々は全く正反対のことをやって来ました。根本的に国家経営を間違え続けて来たのです。

第二章

我々は何を間違え続けて来たか？

戦後の成功体験の思い込み

我々の国家経営の過ちの根本には、戦後復興の成功体験があります。失敗は成功の元ですが、成功も失敗の元になり得るということです。戦後間もなく、日本は資源もなくて、それを輸入するための外貨もありませんでした。おまけに国土は焼け野原です。もはや売るものは何もなく、まず外貨を借り、資源を輸入して加工し、それを売って外貨を稼ぐしかなかったのです。外貨を稼げば、輸入も増やせる。輸入が増えれば生産も増え、輸出も増える。モノが不足していた時代でしたから、生産を増やしさえすれば国内でもモノは売れ、人々は豊かになった。正に好循環だったわけです。そして、我々の先輩方も必死に働き、高度経済成長期を経て、見事に戦後復興を成し遂げました。その成功がなぜ失敗の元なのか。それを説明するために、ここで改めて経済成長についておさらいしましょう。

経済成長とは、GDP（かつてはGNP）が前年より増えることを言います。そしてGDPは次の式で表わされます。

GDP＝C（消費）＋I（投資）＋G（政府支出）＋EX（純輸出＝輸出－輸入）

この式で改めて説明すると、高度経済成長期は「ＥＸ（純輸出）」がエンジンでした。ここがまず黒字にならないと、借りた外貨も戦後賠償も返せません。つまり国が立ち行かないということです。そして、ここが黒字になれば、原材料の輸入を増やし、生産を拡大することができた。生産を拡大すれば、Ｉ（投資）もＣ（消費）も増え、税収も増えてＧ（政府支出）も増える。そして、何より輸出が増え、黒字が増えますから、さらに輸入と生産を増やせる。後はこの好循環を回し続けるだけです。そうすれば各要素が全てプラスとなり、ＧＤＰは当然増えます。かくして、我々はこう信じるようになりました。「ＧＤＰ成長＝幸せ」。いつの間にか手段が目的化し、本来の目的を見失うに至ったのです。

幸せの本質とＧＤＰ

時は少し下って、最近の話をしましょう。戦後最長の好景気とはいつだったか覚えているでしょうか？　戦後最長の好景気は「いざなみ景気」と言われる第14景気循環で、２００２年から２００８年のことです。では、二番目の好景気とはいつでしょう？　今です。１９６５年から70年まで続いた高度経済成長期の「いざなぎ景気」を超え、戦後二番目の景気拡大局面が今なのです。どう思われるでしょう？　いざなみ景気も実感なき好景気と言われましたが、今、どれだけの人が好景気を実感しているのでしょう？

内閣府が発表しているこの毎月の景気判断とは、景気判断をするための様々な指標を組み合わせたものです。諸事情を鑑みて、度々改定もされています。ここでその妥当性を議論しても難しくなるので詳しくは書きませんが、私は全く表層的で時代遅れだと考えています。指標の中には東証株価指数、マネーストック、営業利益、所定外労働時間指数なども入っていますが、例えば企業がブラック化して、所定外労働が増える中でサービス残業を強要し、人件費を絞って利益を上げ、株価を吊り上げ、マネーストック（お金）の配分が著しく偏在化しても、これらの景気指標はプラスに働くでしょう。それで経済が上向きだと自画自賛する政治家を、皆さんはどう思うでしょうか？ 私には、真実が全く見えていないばかりでなく、本質に対する洞察や想像力が決定的に欠けているとしか思えないのです。

実はGDPという指標自体にも、私は同じような疑問を抱いています。かつてはGDPが経済運営の指標となったかもしれません。前述した通り、全ての要素が増えていたからです。例えて言うなら、成長期の子どもが順調に成長し、体重さえ増えていれば健康の目安になったようなものです。しかし成長が終わって大人になれば、体重が増えれば良いというわけではありません。体重が増えても病気になっているかもしれませんし、逆もあるかもしれません。各要素を洞察力を持って細かく見ることが必要だと思います。

例えば、こういう場合はどうでしょう？ GDPの式を見ながら考えてみて下さい。もし円高で輸出価格が上がってしまったため、大手輸出企業が人員削減をするために設備投資をし、派遣社員への切り替えなども使いながら人件費をカットしたとします。また、下請けにもコストカットを迫り、何とか純輸出をプラスに収めたと仮定しましょう。その結果、例えば消費はマイナスになるかもしれませんが、設備投資で投資がプラス、さらに政府が借金をしながら景気対策で政府支出を増やせば、トータルのGDPは上がるかもしれません。あり得ないシナリオではないでしょう。と言うより、むしろ、どこかで聞いた話かもしれません。いずれにしても、それで喜ぶのは誰でしょう？ 大手輸出企業の経営者たちでしょうか？ 大手輸出企業が主要メンバーを占める経団連から献金を受ける政党の政治家たちでしょうか？ 株の売買で莫大な利益を上げても、たった20％の分離課税しか払わないその企業の株主たちでしょうか？ それとも東証の3割以上を占める外国人投資家でしょうか？ 一方、人員整理される社員たち、いつ契約を切られるかわからない派遣社員たち、コストカットを強要される中小企業の経営者やその従業員たちはどうでしょうか？ あまりにアンフェアに歪んでしまった経済構造だからこそ、持たなければいけない細やかな視点があります。それはGDPからだけでは、決して見えて来ないのです。

もう一つ大事な視点は、「そもそも我々の幸せとは何か？」という視点です。戦後復興からある時期までは、モノが不足していた時代だったから、生産を増やして消費を増やせば、大多数が幸せになる時代だったかもしれません。それがGDPにも表れ、だから経済成長が成功の証となった。しかしモノが充足し、そんなに売れなくなった今も同じことをしようとしている。単にGDPを上げるだけなら、何でもサービス化して売ればいいわけです。GDPはお金が動けば上がる仕組みですから、ボランティアワークは換算されません。だからそれをお金の交換に変えようとするわけです。例えば、子育ての一部を切り取って保育サービスにすれば、家事労働を外注すれば、介護も外注すれば、その分GDPに加算されます。そしてそれらを賄うためにもっと働けば、それもGDPを上げます。しかし、それは本当に我々を幸せにするでしょうか? GDPはあくまでも、とても大雑把な指標に過ぎません。それが増えることとイコール幸せではなく、社会に住む多様な人々に多様な幸せを作り出すことにより、結果的にGDPが伸びる形でなければ、本末転倒になりかねません。そして、多様な人々の幸せとは、各個人が自由に自分で決めるべきであり、**それぞれの時間と労力の使い方の自由度**に深く依存すると私は考えています。しかし、実際はその自由度が著しく低下し、お金に追い立てられる社会となっている。それがなぜなのか、これから詳しく説明して行きますが、少なくとも、その状態のままいくらGDPだけ上がったとしても、我々の幸福度が上がることはないと私は考えています。

1985年、プラザ合意で全てが変わった

時計の針をまた少し戻そうと思います。高度経済成長期を経て、見事に戦後復興を成し遂げた日本は、1985年、大きな転機を迎えることになります。それがプラザ合意です。ニューヨークのプラザホテルで行われた当時のG5(5カ国蔵相会議)において、アメリカの貿易赤字と、日本と西ドイ

■図1:プラザ合意と為替レート

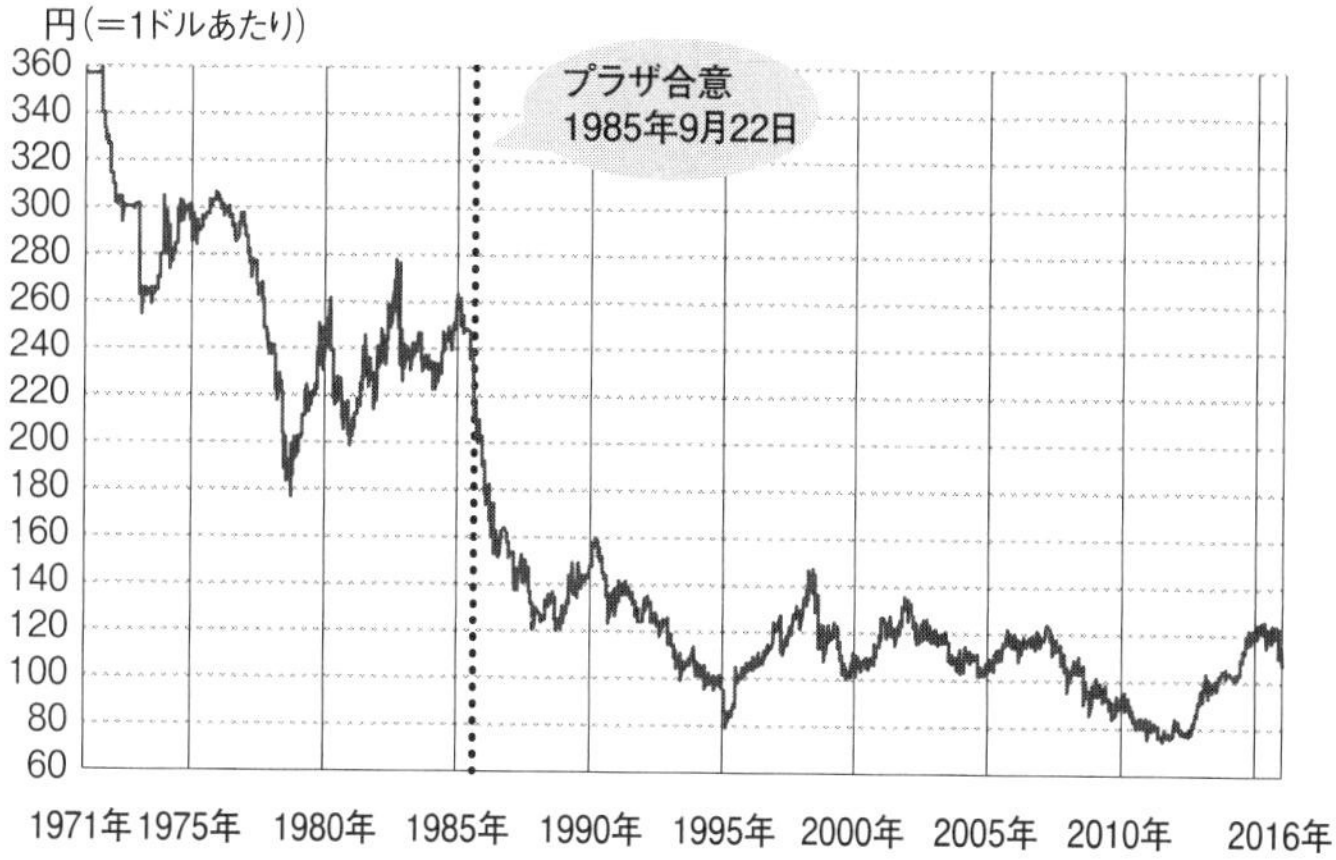

出典:各種資料より筆者作成

ツ（当時）の貿易黒字を是正するため、各国の協調介入でドル安誘導を行う合意がなされた。それがプラザ合意です。それまでのレーガン政権は高金利、高通貨政策を採っていたのですが、それによる双子の赤字（貿易赤字と財政赤字）に悩み、政策を転換して赤字の解消を図った。これはアメリカからの明確なメッセージでした。日本は戦後復興の成功パターンを闇雲に繰り返した結果、黒字を稼ぎ過ぎた。だから「いい加減にしろ、輸出を減らせ、輸入を増やせ、アメリカ製品を買え」というメッセージを、円高というペナルティーと共に突きつけられたわけです。

この結果、当時２３０円ぐらいだったドル／円の為替レートは一気に円高に進み、たった2年の間に１２０円台まで下落しました。私はちょうど86年から為替ディーラーをしていましたので、その時のことはよく覚えています。貿易統計の発表時など、一瞬のうちに数円落ちることも少なくありませんでした。これによって日本の輸出業は壊滅的な打撃を受けることになります。たった2年で倍の円高になってしまえば、輸出価格も倍になるからです。ドル／円レート230円の時は、230円で作ったものはドル価1ドルですが、120円になれば2ドル近くになってしまいます。もちろん、海外から輸入する原材料費も安くなりますが、それだけではとても追いつきません。その結果、普通に考えれば輸出は減りますし、逆に輸入価格は下がりますから輸入は増えるだろう、というのが正にプラザ合意の狙いだったわけです。しかし、実際はその通りにはなりませんでした。それが日本の悲劇の始まりです。

バブルの発生と崩壊

当時をご存知の方は、内需拡大というキーワードを覚えていらっしゃるのではないでしょうか？盛んに言われていました。中曽根首相が1人100ドル分の外国製品を買えとまで言ったのです。要するにアメリカからのプレッシャーを受け、金融緩和を行い、内需を拡大し、輸入を増やして黒字を減らす方針に転じたわけです。戦後復興を輸出一辺倒で成し遂げた日本にとって、恐らく初めての方針転換だったと思います。それも自らの意志ではなく、アメリカからの圧力によってというのがいかにも日本らしいですが、いずれにしても、それを忠実に実行したことからバブルが発生したのです。

このバブルの本当の意味をわかっている人は驚くほど少ないです。それについては後ほど説明するとして、ここで言いたいのは、バブル時期の政策自体はそれほど間違っていなかったということです。88年から90年までの3年間で、経済成長率は年7％を超え、インフレ率も2％程度、ドル／円の為替レートも１２０円台から１６０円台まで戻りました。まさにプラザ合意でアメリカから注文された通りの政策が奏功した形です。しかし、一つだけ誤算がありました、それがバブルの発生と崩壊です。これによって景気が低迷し、さらに円高不況が日本を襲った。せっかく１６０円台まで戻ったドル／円の為替レートは再び坂道を転げ落ち、94年にはついに１００円割れ、95年には80円割れまで下落しました。これに対して、日本経済はどう対処したか？

結局、我々は元の木阿弥に戻ってしまったのです。バブル期は金融緩和と内需拡大で輸入を増やしたものの、結局バブル崩壊で不良債権を処理すると、銀行も貸し渋り、世の中にお金が回らなくなりました。こうしてデフレに突入すると、終わりなきコストカットのスパイラルに陥り、内需拡大どころか、再び経常黒字を稼ぎ始めました。恐らく、それがＧＤＰを上げるために最も手っ取り早かったからでしょう。産業構造を根本的に変えるより、それまで戦後ずっとやって来たことを踏襲する方が簡単ですから。また、厳しいコストカットスパイラルの中で、新たな設備投資が必要となる産業構造の転換など、民間主導では困難です。要するに、政府の無策がそうさせたと言っても良いのかもしれません。

犯人探しはともかく、起きたことは明白です。日本はバブル崩壊後も黒字を稼ぎ続け、３兆ドルもの世界最大の対外純資産を誇る、世界一のお金持ち国になりました。しかし、その黒字は全て外貨で貯まり、皆さんのためにはほとんど使われず、海外、特にアメリカに貸しっ放しです。3兆ドルのうち1兆ドルは、日本の政府がアメリカの政府に貸しています。だから皆さんは、日本が世界一のお金持ちと言われても全くピンと来ない。ピンと来ないどころか、その黒字を稼ぐ過程で熾烈なコストカットを30年も強いられ続け、まるで無理な減量でガリガリに痩せてしまったボクサーのようです。私たちは根本的に国家経営を間違え続けて来たのです。

349兆円分のタダ働き

バブル崩壊以降、我々がコストカットをし続けたことの意味をもう少し考えてみましょう。コストカットと言えば聞こえはいいですが、それは誰かの売上または給料を削るということです。そんなことが30年も続けばどうなるか？ 企業はもちろん生き残りをかけたコストカット競争から逃れられませんし、売上や給料を切られる立場の人や企業も、なるべくお金を使わないようにする。そして、ただお金を節約するだけでなく、コストパフォーマンスを求めるようになる。我々はいつしか、払った以上の価値を要求するようになっています。その結果「今だけ、金だけ、自分だけ」の風潮が蔓延している。もちろんそうならないよう、必死で頑張っている方々も多くいらっしゃいます。しかし、経済全体が、そのプレッシャーをかけてくるのです。

その結果、労働者も貰っている賃金以上の仕事を強要される世の中になります。企業として、対価以上のサービスや製品を提供することが求められ、それは労働者の犠牲によってのみ達成されるからです。ちなみにこの場合の労働者とは、日本の労働者に限りません。原材料を輸入する際、その国の労働者たち、場合によっては未成年の労働者たちを搾取する事態も十分想像できます。もちろん国内だけを考えても、低賃金、長時間労働などは当たり前、サービス残業のような世界で類を見ない無償労働が常態化しています。その他にも不当な値下げ要求やブラック顧客など、実際に経験された方も多いのではないでしょうか。繰り返しになりますが、コストカットは決してお金のカットだけでは終わりません。報酬だけ減らし、同じかそれ以上の価値を要求するのがコストカットです。つまり、生産性向上の強要に他なりません。そして、日本の労働者は身を削りながらも、世界一の生産性でそれに応え続けて来ました。にもかかわらず、日本のホワイトカラーの生産性は低いとまで揶揄される。なぜか？　それはあろうことか、その生産性に見合うだけの、本来受け取るべき報酬を受け取れていないからです。こんな不当なことがあるでしょうか？

そんな状況の中、日本の皆さんが世界最大の3兆ドルもの対外純資産を稼いだことの意味は、こういうことです。皆さんは、本来受け取るべき正当な労働の対価を受け取らずに働き続けたから、ドル／円の為替レートが230円から100円になっても、低コストで良いモノを作り、それを世界中に売ることができたということ。つまり、本来は輸出価格が倍以上になってもおかしくない製品を半額に値引きしたのは皆さんの無償労働だったということです。それが日本の生産性と競争力の源泉であり、3兆ドルもの世界一の黒字は、その犠牲の値段です。要するに、円にして349兆円の「タダ働き」をさせられ続けて来た。そして、その血と汗の結晶が全て海外、特にアメリカ合衆国政府に貸しっ放しで、それが世界中に爆弾の雨を降らせる財源にもなっている。これは一体、誰のための、何のための国家経営なのでしょう？

第三章　政府の借金を税金で返してはいけない

政府の借金の原因は「収入＜支出」ではない

さて、ここまで説明して来たことを簡単にまとめると、まず、日本にあるのは政府の借金であって、国の借金ではないということ。逆に国家としてみれば世界一のお金持ち国であること。そして、政府の借金は確かに1000兆円あまりと大変な金額になっていますが、それを貸しているのは日本の国民だということです。皆さんは貸した覚えはないかもしれませんが、日本の政府の国債の90％以上は日本の機関投資家が持っていて、それは銀行、生命保険会社、損害保険会社、年金運用基金などで、20歳以上でこれらのどこにも資産を預けていない日本人は基本的にはいません。ですから、皆さんが間接的に貸していることになります。しかし、なぜ、いつの間にそんなことになったのか？　そして、そんなことになって大丈夫なのか？　いずれ、それは後払いの税金として払わなければならないのではないか？　そんな疑問が湧くと思いますので、ここからそのメカニズムについて説明します。

まず、冒頭にも紹介した「国の借金、1000兆円、1人あたり800万円」というようなフェイクニュース（もうおわかりだと思いますが、正確には国の借金ではなく、政府の借金）、あのようなニュースがなぜ大手新聞の一面を飾るのでしょう？　それは「いずれ返すべき後払いの税金なのだから、一刻も早く税収を増やして支出を削り、借金を減らせ」という主張が背景にあるからです。その気持はわからなくはありませんが、残念ながら、全くの理解不足です。例えて言うなら、「家計が逼迫しているから、収入を増やして支出を削れ」と言うレベルです。しかし、家計と政府の財政は決定的に違います。政府には通貨発行権があるからです。政府の財政とは決して「**収入－支出**」というような単純な話ではありません。この１０００兆円あまりの膨大な借金も、決して「**収入＜支出**」という単純な理由でできたわけではないのです。そこを理解しないから、こんな見出しを平気で書くのですが、そろそろ大手マスコミの皆さんにも真実を知っていただく必要があります。そしてそれをきちんと報じていただく責任があるのです。

政府の借金の本当の理由は、現代のお金の発行の仕組みそのものです。これを一刻も早く、なるべく多くの皆さんに知っていただき、それを変えるためのアクションを起こさなければ、我々の未来、そして世界中の子どもたちの未来は刻一刻と破壊されて行きます。なぜなら、悲しいかなこれは日本だけの問題ではないからです。現代のお金の発行の仕組みはほぼ世界共通であり、世界中の政府が同じ理由で財政難に陥り、そのツケを未来に押し付けていく。もうあまり猶予はありません。多くの国際紛争や環境破壊、人を置き去りにしたグローバリズム、前章で触れた人々の時間と労力の使い方の自由が奪われる問題も、全てそこに起因しています。ですから、そこから根本的に変える必要があるのです。あまりにも話が大きく、とても変えられないと思うかもしれませんが、これはできるできないの話ではありません。いくら時間がかかろうが、今始めるか始めないかの問題です。そして、この本が存在し、それをあなたが手に取っているということは、すでに始まったということです。本章では、その全ての問題の根源にある、お金の発行の仕組みについて説明します。

日銀はお金を刷らない

さて、ここからが恐らく本書で最も重要な部分です。お金の発行の仕組みをきちんと知ることが、私たちに起きている様々な問題の本当の原因を知ることになります。そうすれば、それを根本的に変えることこそが、今生きている人類共通の課題であることがわかるでしょう。

お金の発行を巡る最も一般的な誤解は、日銀が発行している、というものです。**日銀はお金を発行しません。**確かに紙幣には日銀券と書いてありますが、あれを刷っているのは国立印刷局であり、毎年財務省の計画に従って必要な分だけ刷っています。必要な分とは、古くなったり破損した紙幣を交換する分と、お金の総量が増えるに従って増やす分、ということです。

今、私は「お金の総量が増えるに従って増やす分」と書きました。もしお金が紙幣だと思っているなら、「あれ?」と思うはずです。なぜなら、「お金＝紙幣」であれば、紙幣を刷ることがお金の総量を増やすことであり、その逆、お金の総量が増えたから紙幣を増やすという論理は成り立たないからです。はい、つまり、**「お金＝紙幣ではない」**ということです。

その証拠は簡単に調べることができます。日本中の紙幣を全部集めると、その総額は約１００兆円です。これは日銀のホームページにある財務諸表で確認できます。貸借対照表の負債のところに、発行銀行券99・8兆円（平成28年度末）と書いてあるのがそれです。これに対して日本中の現金および預貯金、つまり皆さんが持っていると認識しているお金を全部合わせると、その総額は約1300兆円です。これも日銀のホームページで通貨関連統計を開き、マネーストックの最新の速報（2018年2月現在、2018年1月速報）のデータを開けば、1ページ目の一番下にM3の残高が1321・1兆円と記載されています。このマネーストックM3というのは、日本中の現金、預貯金を郵便貯金や農協に預けた分も含めて全部合算した数字で、要するに皆さんが持っていると認識しているお金の総額です。それが1300兆円もあるのに、紙幣はたった100兆円しかない。当然、そのうちの10%でも引き出そうものなら、たちまち取り付け騒ぎです。これは一体どういうことでしょう?

　実はほとんどのお金は紙幣という実体を持たずに存在しています。確かに紙幣はお金として通用しますが、それはお金の本質ではありません。大部分のお金は単なる預金情報として電子的に存在するだけです。もし、皆さんが銀行に100万円を預ければ、通帳にはその預金情報が記載されます。そして、その情報の一部を現実世界に持ち出す時に、紙幣はその情報の入れ物として機能します。つまり、1万円札は、銀行に預けた100万円のうちの1万円分の情報を分離して運ぶための記憶媒体でしかありません。記憶媒体ですから、例えて言うならUSBメモリのようなものです。USBメモリは、情報を引き出して運ぶ需要が増えなければたくさん作っても売れません。大体の情報を皆さんはパソコンに持っていて、オンラインでもやり取りできますから、それを物理的にやり取りする時にだけ必要なものです。紙幣も同じです。１３００兆円のうちほとんどは銀行間で電子送金され、現金のやり取りはごく一部です。ですから１３００兆円のお金があっても、紙幣は１００兆円で足りるのです。皆さんはそんなに引き出さないからです。必要以上に紙幣を作っても、それは銀行の金庫に眠るだけです。要するに、紙幣を製造してもそれは預金情報を増やすわけではなく、お金を増やすこと（＝お金の発行）にはなりません。そして、そのどちらも日銀の仕事ではないのです。

お金の発行の仕組み

ここまでの説明で、今のお金のほとんどは預金情報として存在していることがわかりました。そして、お金の発行とは、皆さんが持っていると認識している預金の総量を、経済全体で増やすということです。それは一体どうやるのでしょう？　経済全体でと言っても、お金には持ち主がいるわけで、増やすお金も最初に誰かに渡さないといけません。では、

問１．増えたお金は誰に渡すのでしょう？
問２．それ以前に、誰がどうやってその預金情報を増やすのでしょう？

1の答えは「お金を借りる人」、2の答えは「銀行がお金を貸すことによって」です。図2（次ページ）を使って説明します。

現代のお金は「信用創造」という仕組みで発行されています。それはこういう仕組みです。仮に私がA銀行に100万円を預けたとします。銀行はそのお金をバランスシートの資産側に現金預貯金として計上し、負債側（支払い義務のあるお金）に私の預金を計上します（①）。今の銀行制度は準備預金制度といって、銀行は預かった預金の一部（準備率分）を日銀に預けることになっています。仮にその準備率が1％だったとしましょう。その場合、A銀行は私の預金の1％、1万円を日銀に預けることになります（②）。ただ、逆に言えば、残りの99万円は誰かに貸しても良いということです。仮にそれを甲さんに貸したとしましょう。

銀行が誰かにお金を貸す時には、必ず自行に借り手の口座を持たせます。そして、そこに貸した金額を振り込むわけです。振り込むと言っても、私の口座から振り込むわけではなく、単に銀行が99万円と書き込むだけです。するとA銀行のバランスシート上、甲さんへの貸付が資産に計上され、甲さんの預金が負債側に計上されることになります（③）。この瞬間に甲さんへの貸付と預金が同時に、しかも数字だけで生まれたことがおわかりでしょうか？

本来であればA銀行は、甲さんの口座に新たに書き込んだ99万円の預金の1％、9900円を日銀に預けなければなりませんが、甲さんもそれを何かに使いたくて借りたのでしょうから、即日それをB銀行の乙さんに送金したとすれば（④）、預かり預金は私の100万円だけと元に戻り（⑤）、新た

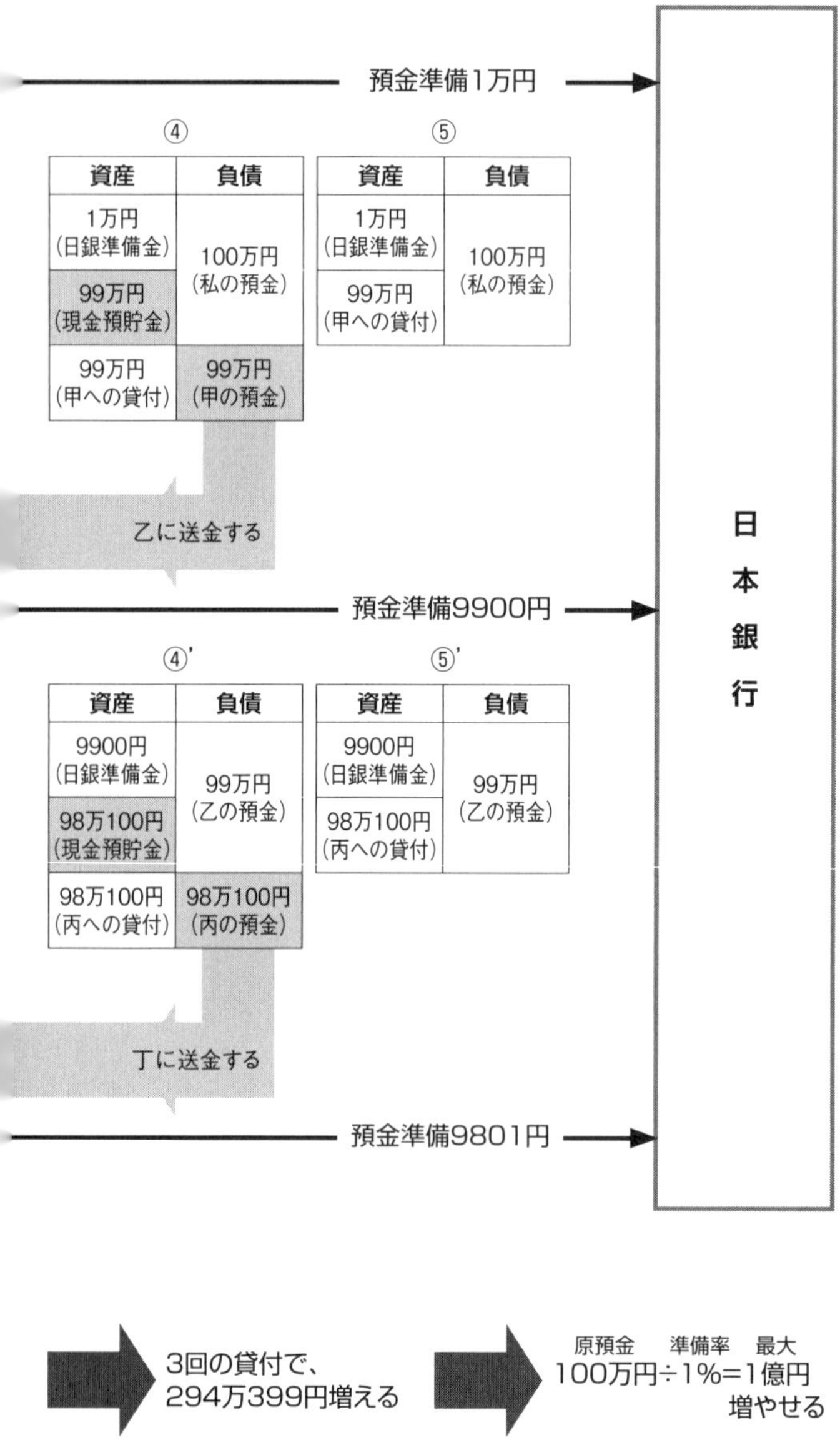
預金準備1万円
④
資産
負債
1万円
（日銀準備金）
100万円
（私の預金）
99万円
（現金預貯金）
99万円
（甲への貸付）
99万円
（甲の預金）
⑤
資産
負債
1万円
（日銀準備金）
100万円
（私の預金）
99万円
（甲への貸付）
乙に送金する
預金準備9900円
④'
資産
負債
9900円
（日銀準備金）
99万円
（乙の預金）
98万100円
（現金預貯金）
98万100円
（丙への貸付）
98万100円
（丙の預金）
⑤'
資産
負債
9900円
（日銀準備金）
99万円
（乙の預金）
98万100円
（丙への貸付）
丁に送金する
預金準備9801円
日本銀行
3回の貸付で、
294万399円増える
原預金　準備率　最大
100万円÷1%=1億円
増やせる

■図2:信用創造の仕組み

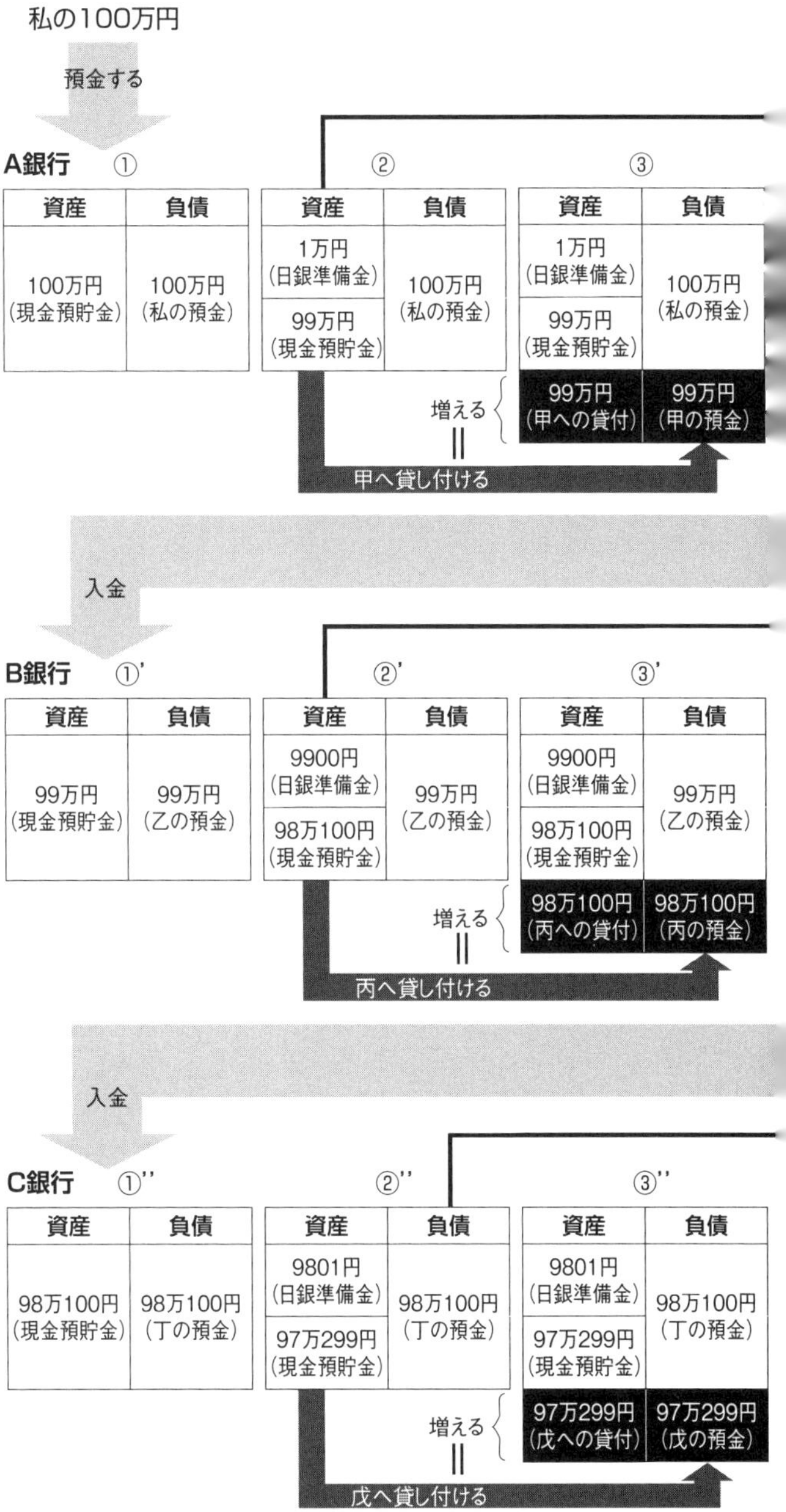
私の100万円
預金する
A銀行 ①
資産 負債
100万円（現金預貯金） 100万円（私の預金）
②
資産 負債
1万円（日銀準備金）
99万円（現金預貯金）
100万円（私の預金）
③
資産 負債
1万円（日銀準備金）
99万円（現金預貯金）
100万円（私の預金）
99万円（甲への貸付） 99万円（甲の預金）
増える
甲へ貸し付ける
入金
B銀行 ①'
資産 負債
99万円（現金預貯金） 99万円（乙の預金）
②'
資産 負債
9900円（日銀準備金）
98万100円（現金預貯金）
99万円（乙の預金）
③'
資産 負債
9900円（日銀準備金）
98万100円（現金預貯金）
99万円（乙の預金）
98万100円（丙への貸付） 98万100円（丙の預金）
増える
丙へ貸し付ける
入金
C銀行 ①''
資産 負債
98万100円（現金預貯金） 98万100円（丁の預金）
②''
資産 負債
9801円（日銀準備金）
97万299円（現金預貯金）
98万100円（丁の預金）
③''
資産 負債
9801円（日銀準備金）
97万299円（現金預貯金）
98万100円（丁の預金）
97万299円（戊への貸付） 97万299円（戊の預金）
増える
戊へ貸し付ける

に日銀に準備金を預ける必要はありません。ちなみにこの時点で、A銀行のバランスシートには資産側に日銀への準備金1万円と甲さんに貸し付けた債権が99万円、負債側には私の預金の100万円が残ります。そして甲さんが送金した99万円はB銀行の新たな預金（乙さんの）となり、B銀行のバランスシートには資産側に99万円の現金預貯金、負債側に99万円の乙さんの預金が計上されます（①’）。もちろんこの時点で、乙さんは普通の預金として自分の99万円を認識し、私の元の100万円の預金も通帳に書かれたままですから、世の中のお金は199万円に増えているわけです。

さて、乙さんの預金を新たに99万円預かったB銀行は、A銀行と全く同じことができます。準備率分の9900円を日銀に預け（②’）、残り98万100円を丙さんに貸すことができるのです。その場合、B銀行のバランスシートには資産側に丙さんへの貸付98万100円、負債側に丙さんの預金98万100円が同時に生まれ（③’）、それを丙さんがC銀行の丁さんに送金してしまえば、世の中のお金は私の100万円の預金、乙さんの99万円の預金に丁さんの98万100円の預金が加わり、ほぼ300万円に増えていることになります。後は同じことを繰り返して行けば、貸せる金額は1%ずつ減っていくものの、最終的には100万円の原預金から100万円÷1%＝1億円まで預金を作り出すことができます。これが「信用創造」という現代のお金を発行する仕組みなのです。何もないところから銀行が借り手を信用することで、お金と借金を同時に作りだす仕組みです。

この仕組みが理解できれば、どうして100兆円しか紙幣がなくても、1300兆円ものお金が作り出せるかよくわかります。この場合、最初の100万円こそ私が銀行に現金で持って行ったかもしれませんが、それが約300万円の預金として認識されるまで、紙幣は全く増えていません。しかし乙さん、丁さんが新たな預金を手にしています。この場合は仮に預金準備率を1%としましたが、実際はもっと低く決められています。つまり理論上はもっと多くのお金を作り出すことができます。ただ、銀行の自己資本比率規制などもあるので、ある程度の上限はありますが、大事なことはその倍数ではなく、何もないところから借金と同時にお金を作るという本質です。この仕組みを初めて知った方は、何とおかしな仕組みかと思うことでしょう。それはそうです。銀行が勝手にお金と借金を同時に作り出せるのですから。そして、その結果巡ってきた誰かの借金を皆がお金として認識している。直感的に何かがおかしいと思うはずです。そしてその直感は正しいのです。これはとても不自然で、理不尽な仕組みなのです。にも関わらず、それが全ての経済活動の基盤となっている。そこにこの問題の根深さがあります。

日銀の仕事とは何か？

ここで疑問に思っている方もいるでしょう。「日銀がお金を発行していないのなら、何をしているのか？」と。ここで日銀の仕事について説明します。よく日銀に「お金を刷れ」、つまり「金融緩和をしろ」と言う人がいますが、二種類考えられます。それはお金を本当に日銀が発行していると勘違いしている人、そして、仕組みがわかった上で、マネーストック、つまり世の中のお金を増やすような政策を実行しろと言っている人。前者がただの認識不足であることは説明済みなので、ここでは後者、「一体日銀はどうやってお金を増減する政策を行うのか」について説明します。

前節で説明した通り、現代のお金は誰かの借金として発行されます。つまり、世の中のお金の増減は、世の中の借金の量で決まるということです。ですから、日銀の金融政策、つまりお金の増減はすなわち、借金の増減であるということです。では、日銀はどうやってそれを調節するのか。

これは従来、とてもシンプルな方法でした。金利の上げ下げです。金利を下げれば、返済額も減りますから、お金を借りたい人も借りられる人も増えます。それに従って銀行が貸出を増やせば、その分のお金が増えるというわけです。金利を上げれば逆が起きます。返済額は増えますから、借りたい人も借りられる人も減ります。そして借金が減っていけばお金が減る。そうやってお金の調節を行い、景気の調整を行ってきたのです。

しかし日本の場合、デフレが長期化して以来、金利がほぼゼロになり、それ以上金利を下げられなくなってしまいました。そこで別の方法として行ってきたのが量的緩和という方法です。量的緩和とは、日銀が銀行から国債を買う、買いオペという方法を用います。買いオペとは買いオペレーションの略で、日銀が銀行から国債を買い、その分の代金を日銀内にある銀行の当座預金口座に振り込むことを言います。そうすると基本的にそこには金利がつきませんから、今まで国債を保有して金利を得ていたお金に金利がつかなくなります。また、預金準備率のところで説明したように、日銀に預けた金額÷準備率分貸せるわけですから、日銀に預けた銀行の預金が増えれば、貸せる金額も増えるわけです。これをベースマネーと言いますが、要するに、今まで金利がついていたお金を金利のつかないベースマネーに変える（同時にベースマネーを増やす）ことにより、その分を銀行が貸出に回すだろう。そうすれば借金が増えて、世の中のお金が増えるだろう、というのが量的緩和です。

ここまでの説明で皆さんはわかったと思いますが、要するに日銀の金融政策とは、直接日銀がお金を増減するわけではなく、間接的に民間銀行の融資行動を誘導しているに過ぎないのです。ですから、いくら日銀が金融調節をしても、民間銀行が思惑通り動かなければ、その効果は限定的です。実際それが極めて限定的だったことは、この20年以上、全くデフレから脱却できなかったことからもわかります。それも結局は、「お金の発行＝借金の発行」だからであって、お金の発行の仕組みそのものに根本の原因があるということです。そしてもう一つ、政府の借金の本当の原因も、実はお金の発行の仕組みにあるのです。

増え続けるお金と借金

誰かの借金としてしかお金が発行されない、つまり「お金の発行＝借金の発行」であることの意味を少し実務的に考えてみましょう。借金には金利がつきます。もし誰かが１００万円を10年間、年

2％で借り、元金均等で返して行くと、その人は大体10年間で約110万円を支払うことになります。

再度図2（46～47ページ）を使って説明するとこういうことです。甲さんが99万円を10年間、年利2％で借りたとします。そうすると、毎年約9万9000円＋利息を返し、最終的には約109万9000円を返すことになります。しかし、最初の99万円は使ってしまっていますから、世の中から別にお金を集めて、それを返済するしかありません。そして、それを返済し終わった時には、109万9000円を世の中から消すことになります。なぜなら、借金をなくすということイコールそれで発行したお金を消すということだからです。もちろん、利息分は銀行に残りますが、銀行所有のお金はマネーストックには入りませんから、その分も含め109万9000円のマネーストック減となります（預金者に移転する利息は現在ほぼゼロなのでこの際無視する）。

これが意味することは、借金でお金を発行すれば、必ず**元本**＋**利息分**のお金が最終的には消えるということです。同じように丙さん、そしてお金を借りた他の全ての人も、借りた元本以上のお金を集めて、それを返す（消す）ことになります。全てのお金が誰かの借金として発行され、借りた人全員がそんなことをすればどうなるでしょう？　当然お金が足りなくなります。それ以前に、毎月の返済毎に、日本中の全ての借金の**元本返済**＋**利息支払分**のお金が経済全体で消えて行きますから、それを補塡するお金を新たな借金で発行しなければ、お金がどんどん減っていってしまいます。

結局この仕組みによれば、全ての借金毎に、少なくともその**元本**＋**利息分**の新たな借金が必要になります。それが肥大化した分身のように元の借金の身代わりとなり、それがまた、さらに肥大化した分身を作り出す。全ての借金がそうなのですから、経済全体で見れば、当然、お金と借金が膨れ続けるということです。これは終わりのない無限ループです。永遠に増え続けるお金と借金、こんなことがいつまでも続くと思いますか？　続くはずがないのです。続くはずがないのに、無理矢理続けてしまっている。もはや限界なのです。日本も、そして世界も。

高度経済成長期からバブル崩壊へ

かつては、お金と借金を増やし続けることが、それほど問題にならなかった時代があります。それは高度経済成長期です。順調に経済が成長している時は、銀行も積極的にお金を貸します。それでお金が増えても、それに見合うだけの実体価値が生産、消費され、借り手も問題なく返すことができたからです。

しかし、経済成長が無限に続くことはありません。日本の場合、バブルの発生と崩壊を契機に経済成長が止まりました。バブル崩壊後に最初に起きたことは信用収縮です。信用収縮とは信用創造の逆、つまり、信用（クレジット）が破綻して、借金が減り、同時にお金が減ることを言います。例えば不良債権を処理したり、貸し剥がしという形で債権を回収したり、貸し渋ったりしてお金を貸さなくなれば、借金が減り、お金も減ることになります。したがって、このバブルの発生と崩壊をきっかけに、順調にお金と借金を増やし続けた時代は終わりを告げました。

そこから先のことは、ある年齢以上の方は覚えていらっしゃると思います。まず、銀行がお金を貸さなくなりました。バブル時期のピークで５００兆円ぐらいだった民間銀行の貸出残高は、バブル崩壊後に急激に減り、一時は約４００兆円までほぼ１００兆円も減りました。つまり、その分のお金が減ったということです。ただし、これは一時的にはあり得る話です。銀行が膨らませすぎたお金と借金を縮小する。日銀も例えば、金利を上げるなどしてそれを促すことがあります。バブルの時は正に、総量規制という形でその総額を抑えようとして、それがバブル崩壊のきっかけになりました。

しかし、絶対にあり得ないのは、それがずっと続くことです。お金と借金がずっと減り続ける、これは今の金融システムの中では絶対にあり得ないことなのです。なぜなら、その行き着く先は前節で説明した通り、借金を返すお金すら存在しないマイナスだらけの世界だからです。もちろんこれは理論上の話で、絶対にそんなことは起こり得ません。その遥か手前で経済が大混乱に陥るからです。考えてもみてください。お金と借金がずっと減り続けるということは、全国民のお金がずっと減り続けるということです。一時的ならともかく、長期的にそんなことがあるでしょうか？　あるわけがないのです。あるわけがないというより、政治、経済を動かしている人たちが絶対にそんなことは起こさないでしょう。そんなことになれば、権力の座にいられなくなるからです。したがって、当然の成り行きとして、何らかの方法でお金を無理矢理にでも発行し、お金を増やし続けることになります。そして、実際にそうなったという事実をこれから具体的なデータで示します。

38年間のデータで見る日本の姿

次ページの図3は1980年から2017年までの38年間のM2、GDP、国内銀行貸出残高、そして国債残高を示しています。一番上の線①がマネーストックM2、これは日本中の現金・預貯金のうち、ゆうちょ銀行や農協に預けたお金を除いた金額です。これまでの説明ではそれも含めたM3を使っていましたが、ここで敢えてM2を使うのは、それが日銀のデータで一番継続性があるからです。これを見ると、正に私が今まで説明してきた通り、一貫して右肩上がり、増え続けているのがわかります。今の金融システムではお金は必ず増え続ける、というテーゼがデータでも示されているわけです。細かく見ると、バブル崩壊後の91年から92年にかけて一瞬だけ減り、93年からまた増え始めていることがわかります。これも先に述べた通り、信用収縮が起きれば、一時的にはあり得るということを裏付けています。そして、それはずっとは続かないということも。

そして、その信用収縮がよくわかるのが線③の民間銀行貸出残高です。これはバブルのピークで約500兆円だったものが、バブル崩壊後に急激に減り、一時は400兆円すれすれまで100兆円も減らし、それ以降、長期に渡って回復していません。これも前節で述べた通り、日本の銀行はバブル崩壊以降、お金を貸さなくなったということです。もちろん、残高をキープするぐらい、つまり返済

■図3:マネーストックとGDP、借金の推移

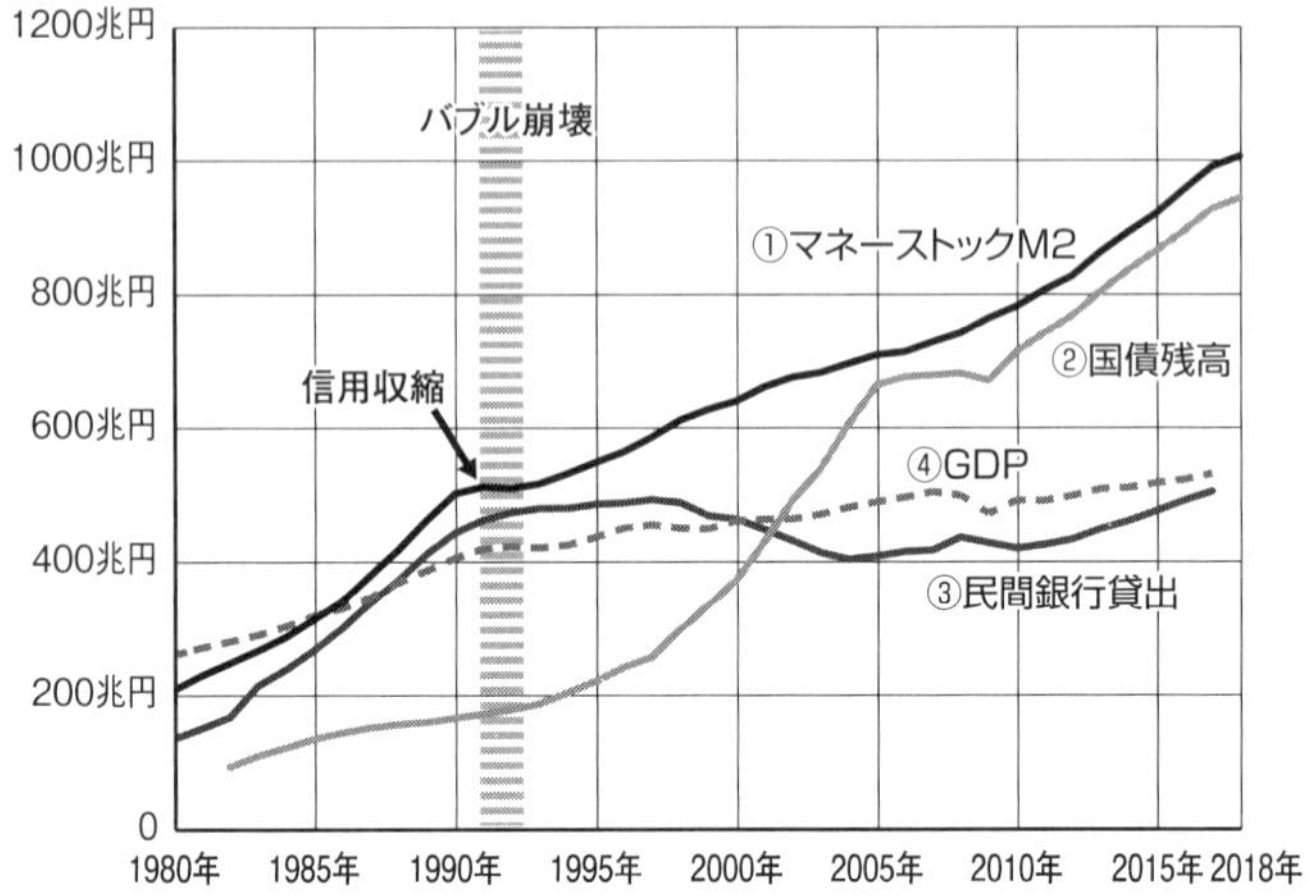

出典:日銀及び内閣府資料より筆者作成

されて減った元本+金利分ぐらいの新たな借金は生まれていますが、それ以上は増やしていません。それがなぜなのかは線④を見ればわかります。GDPが全く横ばいだからです。経済成長がなければ、銀行は貸出残高を増やせません。これは致し方ないでしょう。しかし、それでも誰かが借金を増やし、お金を増やし続けなければいけないのが今の金融システムです。そして、お金①はその通り増えている。民間銀行が貸さなくなって以降、では誰が借金をしたのか?

線②がその答えです。これは日本の国債の残高です。バブル崩壊以降、急激に増え、今や①に迫る勢いで増え続けている。つまり、銀行が民間貸出を増やさなくなってからは、政府が借金を増やし続け、お金を発行し続けたということです。お金は誰かの借金ですから、お金を増やし続けるなら、誰かが借金をし続けるしかないのです。経済

成長が止まって民間融資が増えなくなれば、後は最後まで借りられる政府が借金をして、お金を発行し続けるしかありません。ですから、これは今のお金の発行の仕組みの当然の帰結なのです。経済成長が無限に続くことはありません。そして、それが止まれば、必ずこういうことになる。要するに、政府の借金の本当の原因は、政府の無駄遣いや税収が足りないせいではなく、お金の発行の仕組みそのものにあるということ、それをこの38年間のデータは示しています。

政府の借金＝お金の発行

さて、ここまでに私が何度も繰り返し言ってきたこと、それは「政府が借金をしてお金を発行した」ということですが、それが具体的にどういうことなのか、今一つピンと来ない方もいると思いますので、そのやり方を説明します。次ページ図4をご覧ください。

今の日本の財政は平成29年度政府案によると（図4の中央部分）、収入は税収約58兆円＋その他収入5兆円＝合計63兆円に対し、政府支出は74兆円と基礎収支が11兆円マイナスとなっています。この他に国債の利息が9兆円、国債の償還に14兆円の合計23兆円の公債費がかかり、11兆円＋23兆円＝合計34兆円の赤字となっています。足りない分は当然借金で賄うことになります。

図4の右側部分をご覧ください。平成28年度末の日本政府の国債の残高は約845兆円。これを返

■図4:政府支出とマネーストック

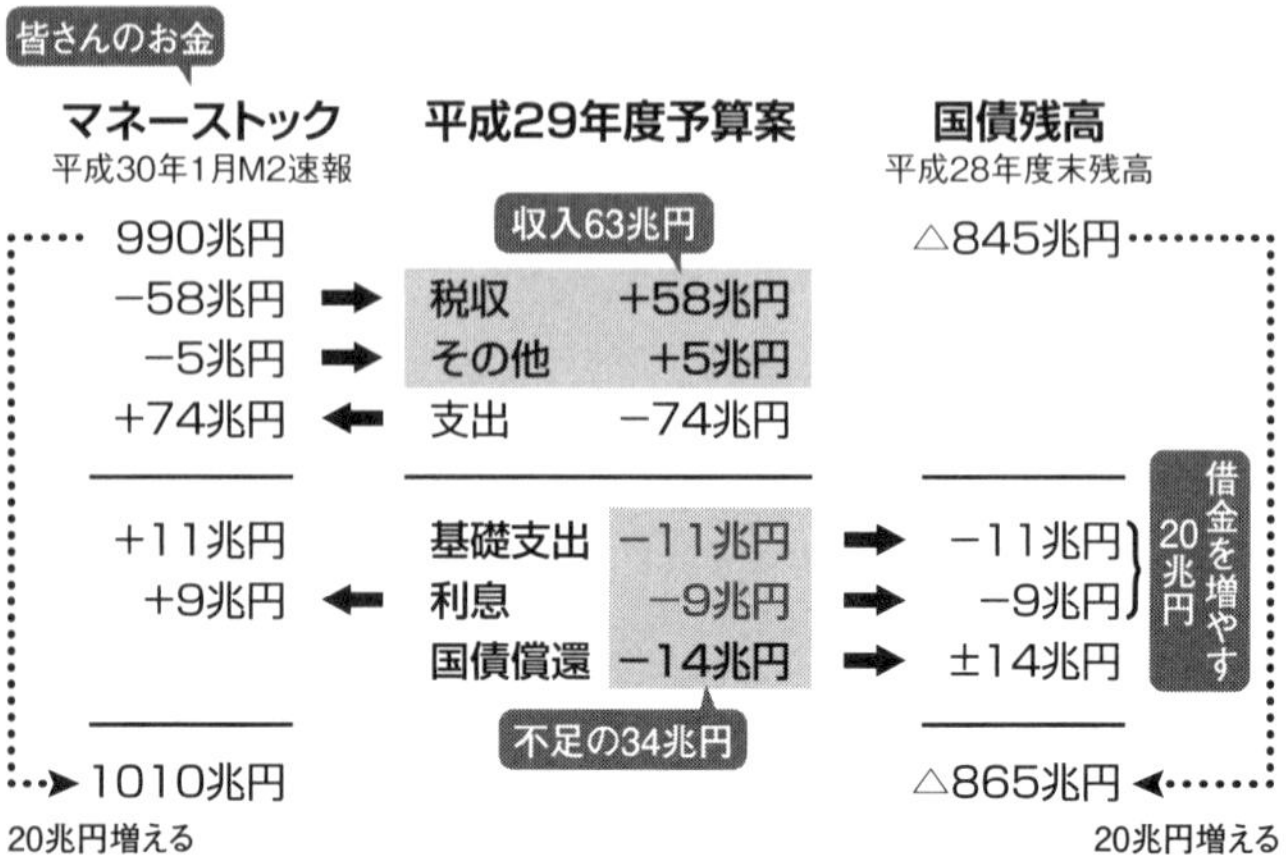

出典:https://www.mof.go.jp/budget/bodger_workflow/bodget/fy2017/seifuan29/04.pdfより筆者作成

済するどころか毎年の基礎収支すらマイナスなので、その部分の11兆円を新たに借りることになります。それから利息部分の9兆円も足りませんから、その分も新たな借金となり、合計20兆円、政府の借金が増えることになります。この他に国債償還に14兆円が必要ですが、それは借り換えて払う分なので残高は変わらず、純増分の20兆円だけが加わって政府の借金は865兆円となるわけです。ここで皆さんに是非ともご理解いただきたいのは、この20兆円の新たな政府の借金が、実はお金の発行だということです。

図4の左側をご覧ください。皆さんのお金がどれだけあるかを示すマネーストックは、2018年1月の速報によるとM2が約990兆円。これは前節でも説明した通り、ゆうちょ銀行や農協に預けた以外の預貯金と現金の総額です。政府の税収の58兆円は、基本的にはそこから支払われます。

ですから、まずM2（皆さんの現金・預貯金）が58兆円減ることになります。それから、政府の歳入のうち「その他収入」が5兆円ほどありますが、この歳入元は、例えば国有地の売却益や賃貸収入、特別会計からの繰り入れなどです。前者なら皆さんのお金から徴収されますが、後者は違います。ですから、これがマネーストックに及ぼす影響は不明確なのですが、どちらでも論旨には影響がないので、仮に全て前者だとしましょう。つまり、その分も皆さんから徴収していると仮定します。その場合、その分のお金も減ることになり、マネーストックM2、つまり皆さんのお金は990兆円－58兆円－5兆円＝927兆円に減ります。

一方、政府支出は基本的に政府が民間に支払うものです。政府事業の事業費や公務員の給料、それから社会保障費として皆さんに還流します。ですから、政府支出の74兆円は基本的に民間に戻ってきます。つまり、税金とその他収入で63兆円減ったマネーストックに74兆円が戻り、差し引き11兆円のマネーストック増となります。これに加え、9兆円の利息も基本的に民間の国債保有者が受け取ります。直接受け取る場合もあるでしょうし、機関投資家を通じて、そこに預けた資産の運用益として、例えば年金の受け取りなどの形で間接的に受け取る場合もあるでしょう。いずれにしてもそれは皆さんのマネーストックを増やすので、11兆円＋9兆円＝合計20兆円がマネーストックの純増分になります。つまり、元々990兆円だったM2は、平成29年度予算案によって1010兆円に20兆円増えることになります。これが政府の借金の純増分とぴったり一致するのは決して偶然ではありません。政府が借金をして税収より多くお金を使うことにより、その赤字分が民間の預金（マネーストック）を増やすということです。つまり、政府が借金でお金を発行し、それを政府支出を通じて世の中に回しているから、政府の借金とお金は同時に同額増える。だから「**政府の借金＝お金の発行**」になるです。

実はこれは、銀行が民間に対してやっている信用創造と本質的に同じです。借り手が民間から政府に変わっただけです。銀行が誰かにお金を貸しても皆さんの預金が減らないように、銀行が政府の国債を買っても皆さんの預金は減りません。が、政府はその分のお金を手にし、それを使って世の中に回せば、その分、民間の預金が増えることになります。こうして、政府の借金とお金が同時進行で増えてきた。だから皆さんが貸した覚えがなくても、国民が政府に900兆円近くも貸したことになっているのです。国民のお金を貸したのではなく、**政府の借金が国民のお金になっている**からです。そして、前節でも述べた通り、これは当然の帰結なのです。恐らく意図したものではなかったでしょう。例えばバブル崩壊後の公的資金注入や、その後の景気対策など、経済成長が止まって民間に対する信用創造（お金の発行）が大きく落ち込む中、そうせざるを得なかったことは容易に想像できます。防御的になった民間が借金を減らせば減らすほどお金が減り、それがさらに収縮の連鎖を引き起こすのが今の金融経済だからです。ですから、無限に続く経済成長でもなければ、そしてそれがあり得ない以上、このお金の発行の仕組みが、その矛盾を借金という形で政府に押し付けていくのは当然の成り行きであり、決してそれは政府の無駄遣いのせいでも、税収が足りないせいでもないのです。

税金で政府の借金は返せない

政府の借金に関する最も致命的な誤解は、それを税金で返済できるという考えです。この考えを図3（56ページ）を使ってとてもシンプルに説明すると、こういうことになります。マネーストックM2①の線を今のラインに押し上げているのは、政府の借金②がそのお金を発行してきたからです。それは銀行の民間貸出残高③が減ったきり全く増えないので、それを補完し、②のラインが①のラインを押し上げてきた。つまり、②の線と③の線の差が、政府が補完してきたお金の発行部分です。政府の借金をゼロにしろとは言わないまでも、これを正常ラインに戻すには、②の線と③の線を入れ換える必要があります。つまり、政府の借金を400兆円ほど減らし、銀行の民間貸出残高を400兆円ほど増やす必要がある。そんなことが可能だと思うでしょうか？ 経済成長が止まって四半世紀、貸出残高を増やすどころか一時は100兆円も減らした銀行に、今の倍貸せと言ったところでそれは無理な相談です。

この考えを今度は図5（次ページ）を使って実務的に考えてみましょう。図5は図4に似ていますが、税収をほぼ倍増の100兆円、政府支出を74兆円から大幅にカットした50兆円としています。こんなことをすれば経済が麻痺するぐらいのあり得ない数字ですが、政府の借金を本気で税金で返す前

■図5:もし政府の借金を税金で返そうとすると

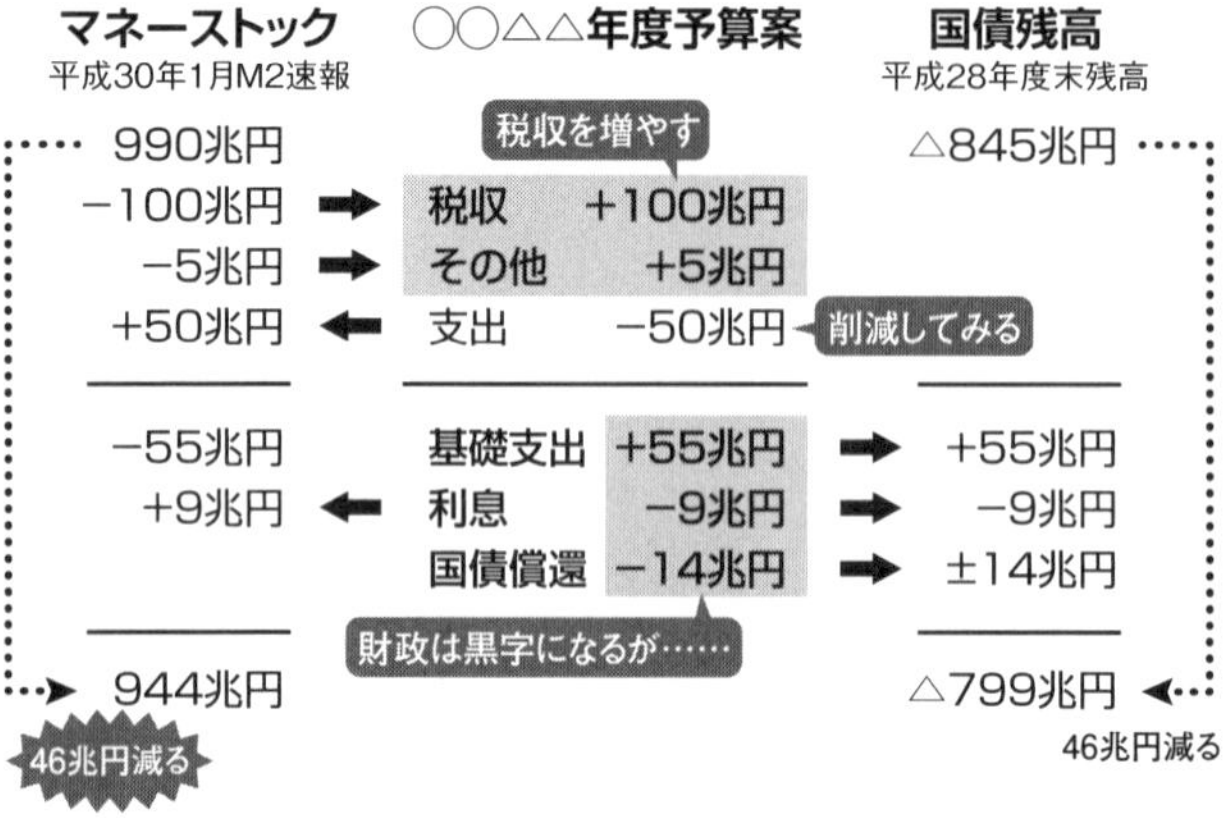

提の極端な仮定をしました。こうすると、まず皆さんのお金Ｍ２は税金を徴収した時点で１００兆円減り、先ほどと同じようにその他の収入も徴収したとすると１０５兆円減り、８８５兆円まで減ります。ここに政府支出の50兆円が戻り、さらに利息の９兆円が戻ってきたとしても、差し引き46兆円が消えることになります。

　一方、政府の財政は基礎収支が55兆円のプラスになりますから、利息の９兆円を払っても46兆円余ります。この分を政府の借金の返済に充てれば、国債の残高を８４５兆円から７９９兆円に減らすことができます。ただ、先程も述べた通り、マネーストックも46兆円減っているわけで、これもやはり偶然ではなく、政府の借金でお金を作り出している以上、その逆をやればお金が消えるということです。

　これをずっとやり続ければ、確かに20年余りで政府の借金を返すことができます。しかし、税金でそれをやれば、その分のお金を同時に消すことになる。つまり、９９０兆のM２のうち、政府の借金と同額の８４５兆円が消えれば、残りはわずか１４５兆円、利息分も考えれば、皆さんのお金はほぼゼロになります。そんなことがあり得ると思いますか？

　これを唯一可能にする方法は、消えてしまう８４５兆円以上のお金が、銀行の民間への融資で発行されることです。つまり、バブル崩壊以降貸出残高を１００兆円も減らした日本の銀行が、次の四半世紀で８４５兆円以上融資を増やさなければならない。どんなに楽観的な人でも、そんなことがあり得るとは思わないでしょう。つまり、もはや政府の借金を税金で返すなどという選択肢は、全く存在しないのです。この問題を解決する方法はたった一つだけ。それは、この問題の本当の原因である、**誰かが借金をしないとお金が発行されない、全く間違ったお金の発行の仕組みを根本的に変えること**なのです。

プライマリーバランスという思考停止

　ついでにプライマリーバランス論を論破しておきます。私が前節で示した通り、政府の借金を税金で返すのは不可能であると気づいているからなのかどうかわかりませんが、まずはプライマリーバランスを達成するべきと主張する人たちがいます。それがどういうことなのか、ここで数字的に検証し

■図6:プライマリーバランスをとっても無意味

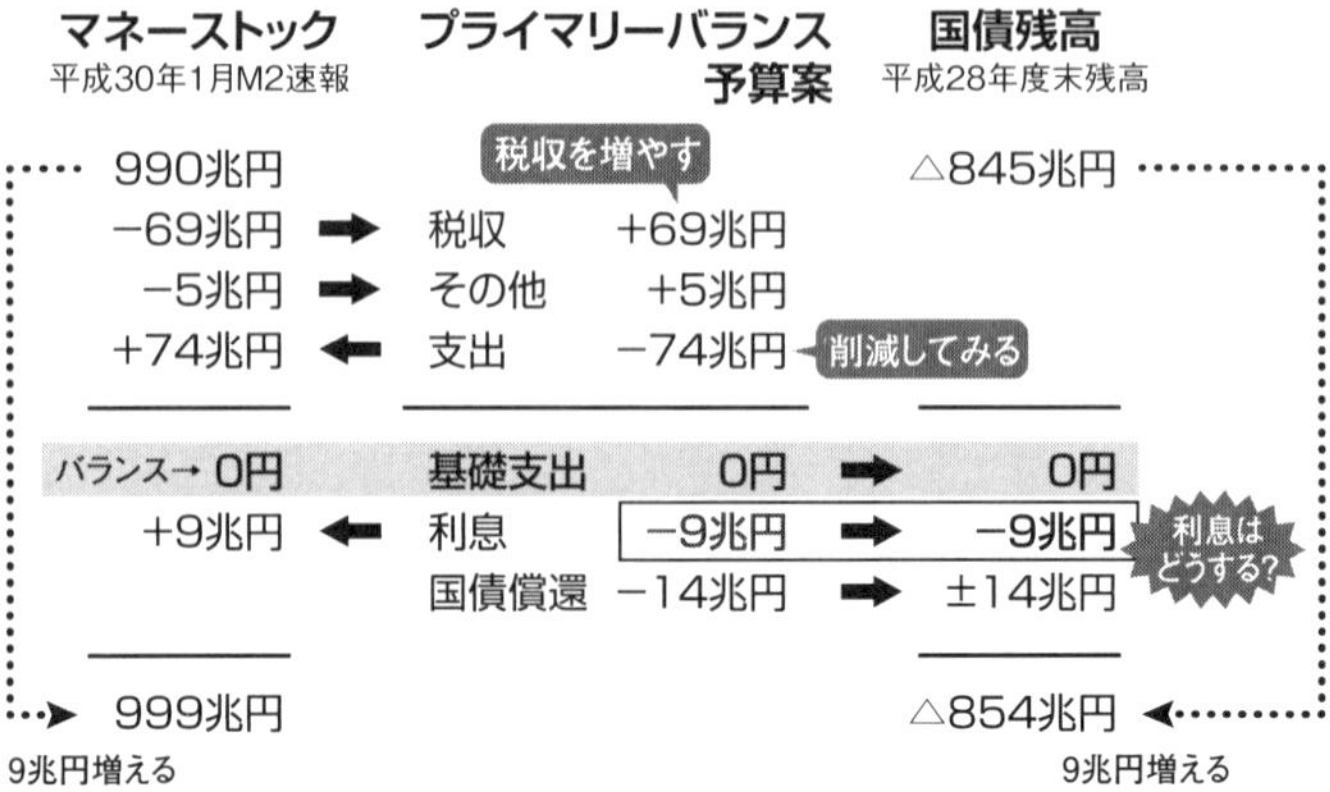

てみましょう。

プライマリーバランスとは、国債費を除いた部分の基礎収支をバランスさせることです。再び平成29年度予算案をベースに説明するとこうなります。図6をご覧ください。図5（62ページ）と見比べていただくとわかると思いますが、税収を58兆円から69兆円に増やしています。これは基礎収支の11兆円マイナスを消すための仮の予算案ですが、可能かどうかは別にして、とりあえずこうすれば基礎収支が0円となり、これがいわゆるプライマリーバランスという状態です。しかし、だから何だと言うのでしょう？ これで何かが解決するのでしょうか？

図6の右側をご覧ください。相変わらず9兆円の利息は足りないので、それは新たに借りることになります。その分の政府の借金はやはり増え、国債の残高は845兆円から854兆円に9兆円増えます。一方、左側を見れば、税収とその他収入でマネーストックは74兆円減り、政府支出で74兆円戻って来て差し引きゼロ、利息の9兆

■図7:さらなる増税と緊縮財政だと?

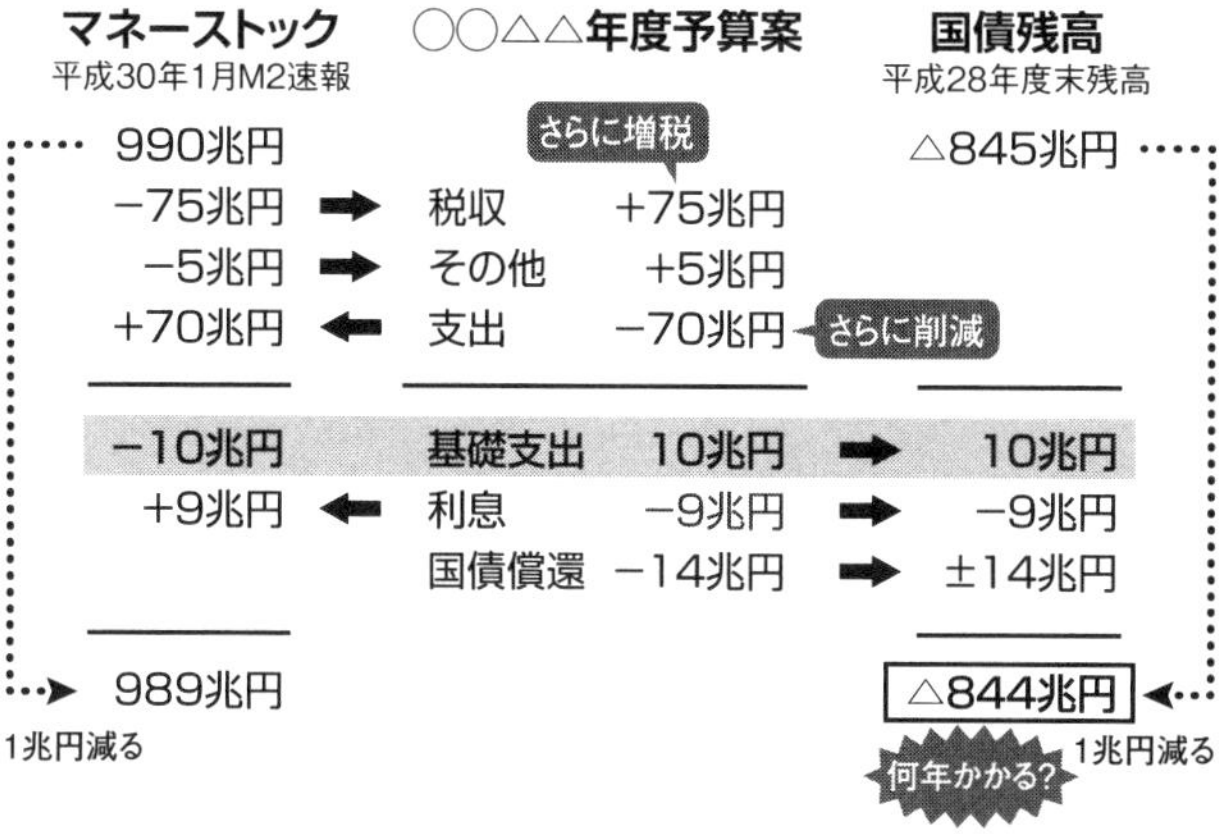

円が加わる分9兆円プラス。要するに政府が9兆円借金を増やして民間に回し、その分のマネーストックが増えるという意味で、今までと本質的に何も変わりません。所詮、程度問題です。

もし程度が重要だというなら、試しにもっと頑張ってみたらどうなるでしょう？ **図7**をご覧ください。これは相当頑張りました。すでにもう非現実的な水準だと思いますが、さらに税収を6兆円増やし、支出を4兆円カットしたと仮定します。こうなると税収が75兆円、その他収入を合わせると80兆円で、基礎的支出の70兆円を払っても10兆円余り、利息の9兆円を払っても1兆円余ります。よって、これを国債の償還に回すことができる。初めて国債残高を減らすことができるのです。さて、これがどれだけおめでたいことなのか考えてみましょう。

図7の左側をご覧ください。今まで見てきたように、まず75兆円の税収と5兆円のその他収入は皆さんの現金・預貯金から徴収されます。そして政府支出の70兆円

と利息の9兆円が戻ってくるので、この場合は差し引き1兆円、お金が減ることになります。まあ、1兆円ぐらいは民間への融資で増やせるかもしれませんから、それは良しとしましょう。

一方、政府の借金は、基礎収支の10兆円プラスから利息9兆円を払っても1兆円余るため、その分を返済に回せば1兆円減らすことができます。国債の残高は844兆円に減り、これをずっとやり続ければ確かに借金は少しずつ減っていきます。ただ、問題はとてつもなく時間がかかるということです。1年に1兆円で845兆円がなくなるまでに845年。それだけでも気が遠くなりますが、もっと大きな問題は利息です。現在の国債残高にかかる利息は年間約9兆円。金利レベルによりますが、今の元本845兆円にかかる利息が9兆円ということは、平均して約1%。845年の金利の動向など予測不可能ですが、仮に同じレベルがずっと続き、元本が同じペースで減るとすれば、9兆円×845年÷2＝3802・5兆円が大体の支払い利息となります。そして、その頃には990兆円あるマネーストックのうち、政府の借金845兆円分のお金が消えることになる。銀行が民間への融資でその分のお金（＝借金）を増やしたとしても、さらに3800兆円分の利息を払うお金は恐らく存在しません。仮にそれも民間への信用創造で発行されたとして、それは全て税金として徴収され、国債の利息としてその保有者に支払われる。もちろんその3800兆円の民間融資にも利息が別にかかり、それも貸し手に払われる。二極化どころか、もはや意味不明の社会です。これ以上考えても空想遊びにしかならないレベルですが、残念ながらプライマリーバランス論者はその遥か手前で思考停止しています。支出は収入の中からという家計レベルの浅い思考で。それでは全くお話にならないのです。

最後に、本節で述べたことを簡単にまとめると、

1. プライマリーバランスを達成しても借金とお金は膨れ続ける
2. プライマリーバランスより収支が改善し、少しずつ元本を減らせても、時間がかかりすぎれば利息が全てを押し潰す
3. もっと頑張って急いで元本を返せば、その分一気にお金は消え、経済は麻痺する

いずれにしても、税金で政府の借金を返す選択の先に出口はないということです。そろそろ、この不毛な財政論を完全に葬り去る必要があります。そうして初めて、我々は本当に進むべき次の一歩を踏み出すことができるのです。

第四章

お金の本質について

灰色の男たち

ここまでの説明で、もう皆さんにも何が本当の問題なのか見えてきたのではないでしょうか？ はい、その通りです。「金利」です。お金が時間と共に増える金利という概念が、全てをぶち壊していくのです。この問題を見通した人は今までも多くいました。古くはイスラム教が金利を禁止していることからも、これが古くて普遍的な問題であることがわかります。近年でも20世紀初頭の経済学者シルビオ・ゲゼルがその著書『自然的経済秩序』の中でこの問題を指摘しています。そして日本にも縁の深いミヒャエル・エンデ。彼は世界的なベストセラー▼『モモ』の著者として有名ですが、実はその『モモ』が、一般的には童話とされていますが、今のお金の発行の仕組みのおかしさ、そして金利の恐ろしさを知らせるための警告書であったことがわかっています。それに最初に気づいたのはやはりドイツの経済学者ヴェルナー・オンケンで、彼がエンデ本人に書簡でそれを確かめたところ▼「正にそれこそがこの本の背景にある」と答えたと言われています。

ここで『モモ』をお読みになったことのない方のために、簡単にそのあらすじを紹介します。時は比較的近代で、人々が車や電車、電話を使う時代です。舞台はとある町。使われなくなった昔の円形劇場がそのまま残っている都会の南の外れの町です。そこにある時、モモという髪がボサボサの女の子がやって来て、廃墟となった円形劇場に住みつきます。モモは人の話を聞くのがとても上手で、多くの人が劇場にやって来ては彼女とお喋りし、子どもたちも集まってきてモモと遊ぶようになりました。そんな幸せな時間が続いていたある日、町に灰色の男たちがやって来るのです。この男たちは時間泥棒で、町の人にウソをついて時間を盗んでいきます。時間銀行に時間を預ければ、それを増やして返してあげるというウソです。すっかり騙された町の人たちは言われるがままに時間銀行に時間を預け、そして時間を失っていきます。すっかり忙しくなった人々は、円形劇場にも行かなくなり、子どもたちと過ごす時間もなくなり、異変に気づいたモモが時間銀行の時間を解放し、灰色の男たちを煙のように消し、人々の時間を取り戻すというお話です。

この話を読んで、こんなことを言う人がいます。忙しく現代生活を送る私たちに、時間の大切さを教えてくれる物語。実際、私の手元にあるモモ（岩波少年文庫版）の帯にはこうあります。〝不思議な少女「モモ」が気付かせてくれる〈時間〉の大切さ〟。確かにそうです、時間は大切で、それに気付かせてくれます。しかしエンデが本当に言いたかったのは、これは単なる空想ではなく、現実にその大切な時間を奪っている時間泥棒たち（＝金利）が存在する、ということだったのです。そして、それを存在させているのは今の貨幣システム、すなわち、誰かの借金としてお金を発行するという仕組

▼『モモ』　ミヒャエル・エンデ、大島かおり訳『モモ』岩波少年文庫、２００５年。

▼「正にそれこそがこの本の背景にある」　河邑厚徳・グループ現代『エンデの遺言：根源からお金を問うこと』講談社＋α文庫、２０１１年、66、67頁。

みであることも。

時間泥棒たちが灰色の服を着ているのは、目立たないためです。目立たないように存在し、知らず知らずのうちに時間を盗んでいく。それこそが正に「金利」の働きなのです。お金を労働の対価とすれば、負債とは一定時間の労働を担保にするのと同じです。例えば1年分の労働に相当するお金を今借りれば、1年間の労働でそれを返すことになります。「もし、金利がなければ」。

しかし、ここに10％の金利がかかると、1年と36日半分の労働をしないと返せません。つまり、お金を借りることによって、36日半分の時間を奪われることになるのです。例えば住宅ローンは年収の5倍と言われていますが、年収１０００万円の人が５０００万円を年利５％で30年間借りるとすると、元金均等でも30年で３７５０万円の利息が発生します。３・75年分の給料です。つまり、３年９カ円分の労動時間をそっくり奪われるのと同じです。誰に？　お金を貸している人？　銀行？

残念ながら、それに対する明確な答えを私は持ちません。恐らく誰も持たないでしょう。なぜなら、この世は単純な貸し手と借り手に二分されるわけではないからです。例えば借り手が払った金利は一旦銀行が受け取りますが、ある程度金利が高ければ預金者にも支払われますし、銀行員の給料や株主の配当にもなります。銀行が都市部に持つ支店の高い家賃の原資にもなりますし、それを仲介する不動産屋の手数料にもなります。銀行員の接待に使われる店のオーナーにも行くかもしれません。要するにお金は天下の回りもので、誰がどれだけ受け取るかは誰にもわからないということです。

ただ、一つだけ確かなのは、全てが誰かの借金としてお金が発行される今の貨幣経済において、その全てに金利がかかるということは、それはあらゆる商品、サービスの値段に目立たないように織り込まれ、我々は何かを買う度に必ずそれを支払うということです。そしてそれはどんどん膨れて行きます。なぜなら、お金と借金はずっと増え続け、お金の全体量が増えれば、当然その全てにかかる利息も増えるからです。しかもそれは加速します。借金でお金を発行し、それに利息をつけて返すお金も新たな借金で発行し、そこにも金利がかかれば複利となり、借金と利息は幾何級数的に膨れ上がるからです。それは前節の利息３８００兆円の計算でもわかるでしょう。かくして我々は、絶対に返せるはずのない借金を、より大きな新たな借金で払い続けるという無限借金地獄に嵌まり、その中で時間を奪われ続けることになります。先ほども述べたように、借金の担保は我々の労働時間であり、それが無限に増え続ければ、時間も無限に奪われ続けることになるからです。しかし、実際は我々の時間も有限で、無限に奪われることも不可能なのです。こうして無理に無理を重ねた挙句の果てに、我々は貴重な人生の大半を「労働」という名のお金への隷属に費し、命をすり減らし続けています。エンデはそれを予見したからこそ『モモ』を書いたのであり、私はその解決策を示すために本書を書いているのです。

身の回りで起きていること

　ここで、この灰色の男たち（金利）がどう紛れ込み、どう時間を盗んで行くのか、私たちの身の回りの生活と結びつけて考えてみましょう。まず、彼らが我々の生活の隅々まで目立たないように紛れ込む仕組みはとてもシンプルです。それは前節でも触れた通り、全てのお金が誰かの借金として発行される以上、その全てに最初から金利がかかることになります。そして、そのお金を借りた人、基本的にはそれは生産者ですが、彼らは自らの製品やサービスの価格に、その資金調達コストを折り込むわけです。ちなみに生産者とは、製品やサービスを作り出している事業者に限らず、例えば住宅ローンを借りるようなある程度の生産性を持つ労働者も含み、そこにかかる金利もその労働価格に織り込まれ、それは間接的に彼らが従事している事業の製品やサービス価格に織り込まれることになります。

　ちなみに、事業者やその労働者が直接的に借金をしていない場合も、今の資本主義経済において、単に価格に利益を乗せるという行為だけでも、実は同様の作用があります。なぜなら利益率、すなわち資本収益率こそが金利の源だからです。要するに、利益を上げられる実体経済があって初めて、お金を貸しているだけの人たちが利息という形でその上前を撥ねられるのです。その意味で、利益と利息は同義であり、金融資本主義経済においては、全てのモノやサービスの価格にそれが当たり前に組

■表2:複利で加速的に増える借金

【100万円の一年ローン、金利10%】

年	お金の量	ローン1	ローン2	ローン3	ローン4	ローン5	ローン6
0	¥1,000,000	¥1,000,000					
1	↓ ¥1,000,000	返済 ← ¥-1,100,000	新規融資 ¥1,100,000				
2	↓ ¥1,000,000		返済 ← ¥-1,210,000	新規融資 ¥1,210,000			
3	↓ ¥1,000,000			返済 ← ¥-1,331,000	新規融資 ¥1,331,000		
4	↓ ¥1,000,000				返済 ← ¥-1,464,100	新規融資 ¥1,464,100	
5	維持 ¥1,000,000					返済 ← ¥-1,610,510	新規融資 ¥1,610,510

み込まれているのです。

　こうして皆さんは、何かにお金を払う度に利息（利益）を払うことになります。そして、集められた利息（利益）はお金を貸している人たち（資本家たち）に納められて行くのです。経済成長とは良いことばかりのように言われますが、今の金融システムによれば、お金が回れば回るほど、経済が活性化すればするほど、お金（＝借金）は増え、それに付随する利息も増え、富は集中して行くことなります。そして、それは止めどなく加速します。なぜなら、利息に利息がつく複利となるからです。

　複利については、前節でも触れましたが、少しわかりにくい概念なので、単純化して説明します。**表2**をご覧ください。ここでは仮に100万円の1年ローンを年利10％で借り、100万円のマネーストックを作り出しています。翌年、この100万円を返してしまえば、マネーストック（＝お金の総量）はゼロになり、さらに利息分も足りなくなってしまうので、100万円のマネーストックを維持するためだけにも、新たに１１０万円の別の借金が必要です。翌々年にはそれを返すために１２１万円、さらにその次の年は１３２万１０００円。つまり、１・１の年数乗倍の借金が必要となり、10年後には２５９万円以上（１・１の10乗倍）の借金が必要です。つまり、この間、利息は１５９万円以上に膨れ上がり、それでもマネーストックは１００万円のまま。最初のマネーストック１００万円、利息10万円の時に比べ、いかに利息だけが膨らみ、富が偏在するかわかりますでしょうか？　要するに、今の金融経済そのものが、自動的に格差を拡げる仕組みになっているのです。

ただし、これは非常に単純化していて、実際に金利が10％もあれば、その一部は預金者にも払われますからマネーストックは１００万円より増えますし、逆にマネーストックが増えない状況で金利が10％を維持することもありません。しかし重要なのは、これが今の金融システムの本質であるということと、誰がそれを受け取り、誰が払うかということです。富める者ほど多く受け取り、貧しき者は払う一方であること、そして時間と共にそれが加速するという真実は変わりません。『モモ』の中に「逆さま小路」という道が出て来るのですが、そこは後ろ向きに歩かないと進めない道です。それが何を意味するのか、今となってはエンデに確かめる術はありませんが、もしかしたら、利息を受け取る側、払う側では、時間の働きが全く逆さまであることを言いたかったのかもしれません。

話は少し脱線しましたが、これがいかに無理な仕組みであるかは皆さんもおわかりのことと思います。金利がお金と借金を増やし続け、それを返すためにもっと多くのお金と借金を必要とし、それが無限に続く。続くはずのないものを無理矢理続けようとするから、もう見境がなくなります。例えば今、どこの銀行でもカードローンの宣伝をしていますが、昔はそれは銀行の業務ではありませんでした。また、消費者金融業者のＣＭなどテレビでは流せなかったのです。しかし、今となっては大手銀行が消費者金融業者を買収し、タレントを使って耳当たりの良い宣伝を打っています。彼らにしてみれば、なりふり構っていられないのです。なぜなら、この無限借金地獄は借りる方も地獄なら、貸す方も地獄だからです。貸した以上の金額（利息も含むため）を返し続けて貰うには、それ以上に貸し込まないと返って来ません。経済成長に限界があり、通常貸したい生産者が借りてくれなければ、消費者金融にまで手を出して借金を増やさざるを得ないのです。しかも、昨今の異次元の金融緩和で虎の子の国債を４００兆円以上も日銀に買い上げられ、そこには金利がつかなくなるどころか、一定金額を超えるとマイナス金利にすらなる。もはや生き残りに必死です。スルガ銀行の不正融資などもその延長線上にあります。とにかく貸せるものなら国民全員にでも貸したいところでしょう。

実は、それを巧妙にやるやり方があります。それはクレジットカードです。今はどこの店でもクレジットカードが使え、しかも盛んにポイントを付与してどんな少額でも使うことを奨励していますが、あれも短期的な借金です。皆さんがそう感じないのは、その金利を利用者が払わず、店側が払っているからです。店は大体３〜５％の手数料を払いますが、それを年率にすると36〜60％の金利に相当します。しかも、店は１ヶ月後に代金を受け取る、つまり１ヶ月お金を貸しているのに、それだけの利息を取られるのです。もちろんカード会社はそれを利息とは言わず、手数料という都合の良い言い方をしていますが、単なる言い換えに過ぎません。ただ、店側も当然わかっていて、その分を価格に上乗せしますから、結局それを払うのは、消費者なのです。しかし、皆が公平に払うわけではありません。カードを使わない人や持てない人は払う一方であり、カードをたくさん使う人はポイントで得をするという仕組みです。これは明らかに受益者負担から外れ、とてもフェアとは言えません。そして何よりも、多くの人が無自覚にクレジットカードという短期的な借金を増やせば増やすほど、それが経済全体に膨大な利息を発生させるという意味で、その罪はとても重いと言わざるを得ません。なぜなら、そのツケは我々今生きている人間に留まらず、未来の子どもたちにも負わされるからです。

結局、この無限借金地獄の行き先は、一億総借金漬けと格差拡大しかないのです。今の金融システムにおいては、借り手と貸し手を同時に作り出すことによってのみお金は作られ、借金とお金の量は無限に増え続けるわけですから、人口が増え続けでもしない限り、必ずそれぞれの金額の割当も大きくなり、格差が拡大するのは自明です。しかも、お金はいくらでも持てますが、1人に押し付けられる借金の量には限界がありますから、押し付ける相手を増やし続けるしかない。今生きている全員で足りなければ、まだ生まれてもいない子どもたちも借金漬けにする。それが政府の借金（＝未来の子どもたちの後払いの税金）の正体であり、それは日本のみならず、世界中の政府が陥っている泥沼です。今こそ我々がその本質を見抜き、この間違った金融システムを根本的に変えることが、未来の子どもたちに対する大人の責任です。

お金の裏付け

お金についての本質的な話をもう少し続けましょう。よく「お金には裏付けが必要」という人がいます。果たして今のお金には裏付けがあるのでしょうか？ かつてはありました。金本位制の時代です。第二次世界大戦後半、アメリカのブレトン・ウッズで行われた金融会議で、アメリカドルを基軸とした固定相場制が合意されたのです。金1オンス＝35ドルとし、そのドルに各国通貨が固定相場で紐付けられていたため、間接的に全ての通貨に金の裏付けがありました。円は1ドル３６０円だったので、金1オンス＝1万2600円だったのです。これをブレトン・ウッズ体制といい、それは１９７１年まで続きました。１９７１年にニクソン大統領が金とドルの交換を停止し、その後変動相場制に移行して終了したのです。

なぜ、ニクソン大統領はブレトン・ウッズ協定を破棄せざるを得なかったのでしょう？ それは第二次世界大戦後の荒廃からヨーロッパやアジアの経済が復興し、生産が増大、それをアメリカに輸出することによって黒字（＝ドル）を稼ぎ、それを金に換えたため、米国内の金の保有量が急激に減ったからです。今のような変動相場制なら赤字国の通貨は弱くなるのが通常ですが、当時の固定相場制ではそうはならず、ドルは割高のままです。当然赤字は続き、やがて金が底をつくことは目に見えていました。だからドルと金の交換を止め、ドル安に転換せざるを得なかったのです。実はここに一つの示唆があります。当時は稼いだドルを使って金を買って来られた。つまり、黒字を実体価値に換えて国内に持ち込むことができたのです。しかし、変動相場制に移行し、金の交換性を停止された以降は、稼いだ黒字（ドル）は海外に、特にアメリカに貸しっ放しにせざるを得なくなった。なぜなら、無理矢理円や金に替えようとすれば、どちらも高騰してしまうからです。これは決して意図せざるものではなく、むしろ明確な意図があって、そうしたと考えるべきでしょう。

さて、こうしてブレトン・ウッズ体制の崩壊と共に、世界中の全ての通貨は金という裏付けを失いました。しかし考えてみればこれも当然と言えます。なぜなら世界経済の発展と共に膨大な量の財が生産され、それを円滑に交換するには膨大な量の通貨が必要です。それを全て金が裏付けることはできません。そんなに金が膨大にあれば、金の価値そのものがなくなってしまうからです。ですから、いずれこれがもたなくなるのは自明だったのです。そして、もはやどんな物も、現代のお金の裏付けとはなりません。そんなにたくさんあって、希少価値を持つ物の存在など、論理的に矛盾しているからです。辛うじてその裏付けを定義するとすれば、それで交換できる実体価値全てということになります。要するに、お金がいつでも実体価値と交換できる、使えるということがお金の裏付けになるのです。ある意味、それは信用とも言えます。その信用のベースとなるのは、お金の量と実体価値の量のバランスです（図8参照）。価値の量が増えずにお金の量だけ増えれば、いかに政府がそれを保証しようが信用は下がって行きます。それがインフレ、つまりお金の価値が落ちる状態です。ですから、

■図8:お金の量と実態価値の量

そのバランスがこのシステムの肝であり、中央銀行が通貨の番人と言われるのは、お金の量を調節することにより、その信用を崩さないための機関だからです。

実は、今のお金の発行の仕組みそのものが、その信用を担保するための仕組みでした。お金を借りる人は基本的には生産者で、それを使って生産活動をし、借金と共に発行したお金に見合うだけの実体価値を生産し、それを売ってお金を得ないと返せないからです。つまり、これによって、発行したお金と同等の実体価値が確実に生産されることを担保していたというわけです。

確かにこの方法は、順調に経済成長が続いている間は機能していました。しかし、経済成長が止まり、生産者が生産しても売れなくなると、増え続けるお金に匹敵する実体価値を増やすのが難しくなります。にも関わらず、我々は思考停止したまま、同じことをやり続けています。お金が金利で増えるという概念が固定化し、制度化してしまっているからです。例えば年金、生命保険、損害保険など、基本的にこれらは全て、集めたお金を運用し、増やし続けなければ立ち行かない仕組みです。しかし、お金が増えるのは、本来、実体価値が増えるからです。それが無理になっているのに、お金だけは増え続けている。いや、実際は帳簿上で増えたように見せかけ続けている。それが可能なのは、政府が絡んでいるからです。

生産者だけに融資してお金を発行しているうちは、これは不可能だったのです。なぜなら、生産者は必ずその分の生産をして、それを売ってお金に換えなければ返せず、それができない生産者にはお金は融資されず、その分のお金も発行されない。つまり、お金だけが増えることはなかったからです。しかし政府だけは、生産性がなくても借金を増やし続けることができます。そしてその利息も、新たな借金で払い続けることができる。と言うより、帳簿上払ったことにして、貸し手（年金運用基金、銀行、生命保険会社、損害保険会社）の帳簿上の資産を増やし続けることができる。それをずっと続けた結果、この35年ほどで日本の国債の利息の累計は300兆円以上に達しています。しかし、35年間貸しっ放しで、元本は疎か利息も1円も払われず、ゼロの数だけが増えた資産が、実際にあると言えるのでしょうか？　要するに、実体価値の裏付けが全くない、ただの数字でしかないお金が、すでに大量に存在している（帳簿に載っている）ということです。それは単に意味がないだけではなく、その無理を人々に強いていきます。なぜなら、膨らみきったお金がさらに利息を膨らませ、加速度的にその裏付けを要求する。つまり、無限大の実体価値の生産と消費を要求し続けるからです。

お金の裏付けが、それで交換できる全ての実体価値だとすれば、その本質は「**人の労力×時間**」です。それが実体価値を生む原資であり、それを要しないものは経済的価値を生まないからです。したがって、お金が無限に増え続ければ、「人の労力×時間」も無限に増え続けないと辻褄が合いませんが、そもそも合うはずがないのです。人の数も有限、それぞれの時間も労力も有限、もちろん資源も有限なのですから。必ずそれには無理が生じ、人の時間と労力を不当に奪っていきます。我々は決して生産と消費のために生まれてきたわけではないのに、「一億総活躍」とか「働き方改革」などと称し、人生をそのために費やすことを強いられます。もはやそれでGDPを上げることが皆さんの幸せに直結しないのにも関わらず、思考停止して本質を忘れた政治家たちが、自分たちの点数はGDPだと言わんばかりに愚策を繰り返す。これではまるで、お金のために我々があるかのような主客転倒です。

子どもたちの未来のために

最後に、今のお金の発行の仕組みのおかしさを巨視的な目で見てみましょう。まず、これは日本だけの問題ではなく、地球の問題だということです。なぜなら、この仕組みは今や全世界を覆っており、ほぼ全ての通貨が借金として発行されているからです。つまり、世界中のお金と借金が無限に永遠に

▼300兆円以上　出典：https://www.mof.go.jp/budget/budger_workflow/budget/fy2017/seifuan29/04.pdf

増え続ける、そういう仕組みが地球を覆っているということです。当たり前の話ですが、これは全て人間が作ったマトリックスのようなものです（アメリカの有名なSF▼映画『マトリックス』もまた、今の金融経済を描いていると言う人もいます）。あのように、そもそも全く存在しない仮想のもの、概念に過ぎないのです。地球という、遥か人間以前からあったものの上に、人間が勝手にお金や金利という概念を作り、それでお互いを縛ったり、地球を壊したりしている。お金、金利、所有権など、実体としては全く存在せず、人間だけがあると信じている概念、マトリックス。それを作ったのも人間なら、壊すのも人間です。実際には全く存在しないもの、それをなくすのは難しいことではありません。本当はないという真実を見抜けば良いだけのことです、正に映画『マトリックス』で、預言者に会いに行った主人公のネオに、スプーンを曲げている少年が「スプーンなんてないんだ」と言ったように、それに気づくか気づかないか。あの映画の冒頭で、赤い薬と青い薬を手に取り、反乱軍のリーダー、モーフィアスはネオにこう迫ります。青い薬を飲めば全てを忘れて元通り。しかし赤い薬を飲めば、真実を知り、二度と後戻りはできない。本書はその赤い薬のようなものです。

さて、話は逸れましたが、今の金融経済が地球を壊しているということは、皆さんももうよくおわかりのはずです。そしてそれがなぜなのかも、ここまでで薄々わかったのではないでしょうか。お金が増え続けるから、お金だけ増え続けても意味がないから、実体価値を増やさざるを得ない。つまり無理矢理でも経済成長を指向し、大量生産、大量消費を続ける必要がある。しかしそれでは地球がもたないのです。それから私たち人間も。人の数も時間も労力も、地球の資源も全て有限ですから、無限に増え続ける金融システムは支えきれません。これは必ず破綻する、いやむしろ破綻させなければいけない仕組みなのです。

もう一つ、この仕組みのおかしさをシンプルに説明する図を示しましょう。次ページ図9をご覧ください。これは先ほどの図8（81ページ）に、普段は見えない部分を書き加えたものです。赤い薬を飲んだ皆さんは、もうこの部分が見えるかもしれません。前章の「お金の発行の仕組み」の説明で示した通り、誰かの借金としてお金を発行するということは、今あるお金とほぼ同額の借金が常に存在するということです。そして、借金を全て返してしまえば、この世のお金はほぼ全て消えるということです。つまり、元々それは無だということです。図9の左の上にあるお金と、水面下にある借金は表裏一体、相殺すればゼロ、左側は全く無。無からお金と借金を同時に作り出し、お金が存在するという幻想を作り出しているに過ぎません。正にマトリックスです。その中で、我々は借金を押し付け合い、お金を奪い合うことになる。なぜなら、そうしなければ生き残れないからです。左側だけ見れば、これは完全なゼロサムゲームです。ゼロサムですから、皆で平等に分け合えばゼロです。ゼロでは生きられません。お金がないと何も買えないというマトリックス世界では、お金ゼロは死を意味す

▼SF映画『マトリックス』　ワーナー・ブラザーズ、1999年アメリカ。我々が生きている世界は全てマトリックスと言われる仮想現実であり、ほとんどの人間はプラグにつながれ、その仮想現実を脳内で見ているに過ぎないとする設定のSF映画。プラグから解放された救世主ネオが、仮想現実のプログラムに過ぎない物理法則を凌駕してマトリックスの中で大暴れする活躍を描く。

■図9:現代のお金は借金と表裏一体のゼロサムゲーム

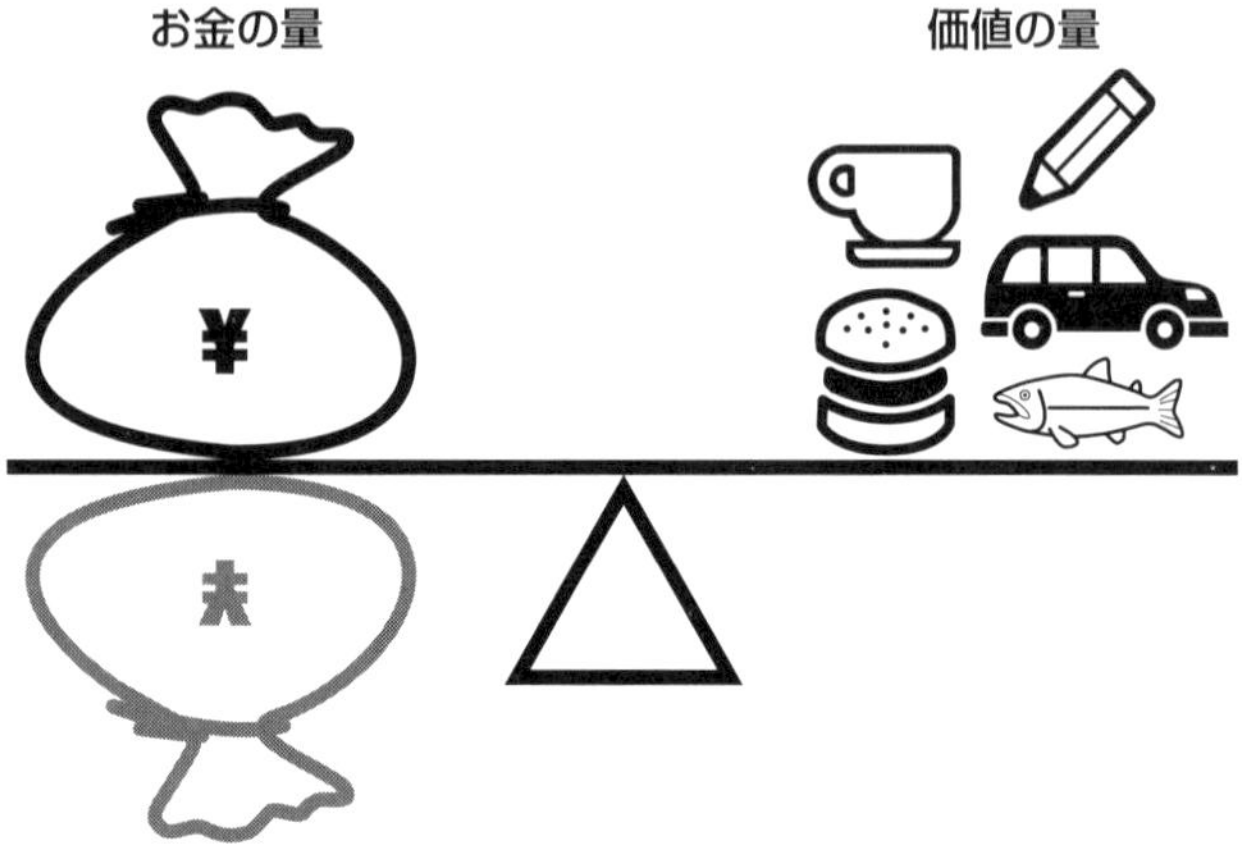

るからです。無論、本当は違います。実体価値を分け合えば生きられます。しかしその本質が見えなくなっている人々は、お金を奪い合うために必死になります。そして借金を誰かに押し付けていく。だからどの社会でも、熾烈な競争がなくならないのです。他人を蹴落として、相対的優位に立たなければ生き残れませんから。そして、これは国家間でも同じことです。どこかの国（例えばアメリカ）の借金は他の国（例えば日本）の資産です。ですからいつまで経っても国際紛争がなくならない。こんなことをしていて、子どもたちの未来が明るくなりますか？　とんでもない。

　子どもたちは二重の意味で、この理不尽なシステムのツケを負わされます。今生きている人は、図9の左上のプラス部分のお金を何らかの方法で手に入れて、それで実体価値を買って消費しなければ生きられません。どんな借金状態にある人も、どんな貧困状態にある人も、短期的には生活保護その他で左上のお金を手にします。つまり、プラスの部分は生きている人たちが先食いしてしまうのです。もちろん先食いと言っても、お金を、ではありません。お金はいくら使ってもなくならないからです。目の前のお金はなくなったように見えますが、お金は決して消えず、経済の中をグルグル回っているだけです。それで本当になくなるのは資源や地球環境の健全性です。お金は逆に増え、その裏にある借金も増え、最後には食い尽くされた地球と無限大の借金が子どもたちに渡されます。こんな無責任な仕業があるでしょうか？　私は、今生きている大人の責任として、この持続不可能な仕組みを断固として破棄し、次の世代に希望あふれる未来を手渡す必要があると思いますが、皆さんはどうお考えでしょうか？

第五章

私たちがすぐにやるべきこと

政府通貨の発行

ここまでで、今のお金の発行の仕組みがいかに間違っているか、それがよくわかっていただけたと思います。ではどうしたら良いのでしょう? 答えはシンプルです。誰かの借金としてお金を発行する仕組みをやめて、誰の借金でもないお金を、政府が責任を持って発行すれば良いのです。国家には通貨発行権があるわけですから、それを正当に行使するまでです。

やり方は簡単です。例えば100兆円の政府通貨を発行する場合を考えてみましょう。その場合は図10にあるように、例えば1兆円の政府紙幣を100枚刷るだけです。これをやるには法律の改正が必要ですが、むしろ正々堂々と国会で議論して、改正すべきは改正すれば良いのです。その議論を避けて硬貨(であれば法改正なしでも可能かもしれないため)で作るよりも、その方が遥かに未来の子どもたちのためになります。ただ、いずれにしてもやることは一緒です。政府通貨を作り、それを日銀に預ける。この場合で言うと、1兆円紙幣を100枚刷り、日銀に預けるわけです。それが1万円札より良いと考える理由は、どうせそれは日銀の金庫に入ったまま出て来ることはないため、その方が省スペースで偽造の心配もないからです。

1兆円紙幣を100枚預かった日銀はそれを金庫に入れ、政府預金口座に100兆円と書き込みま

■図10:政府通貨の発行

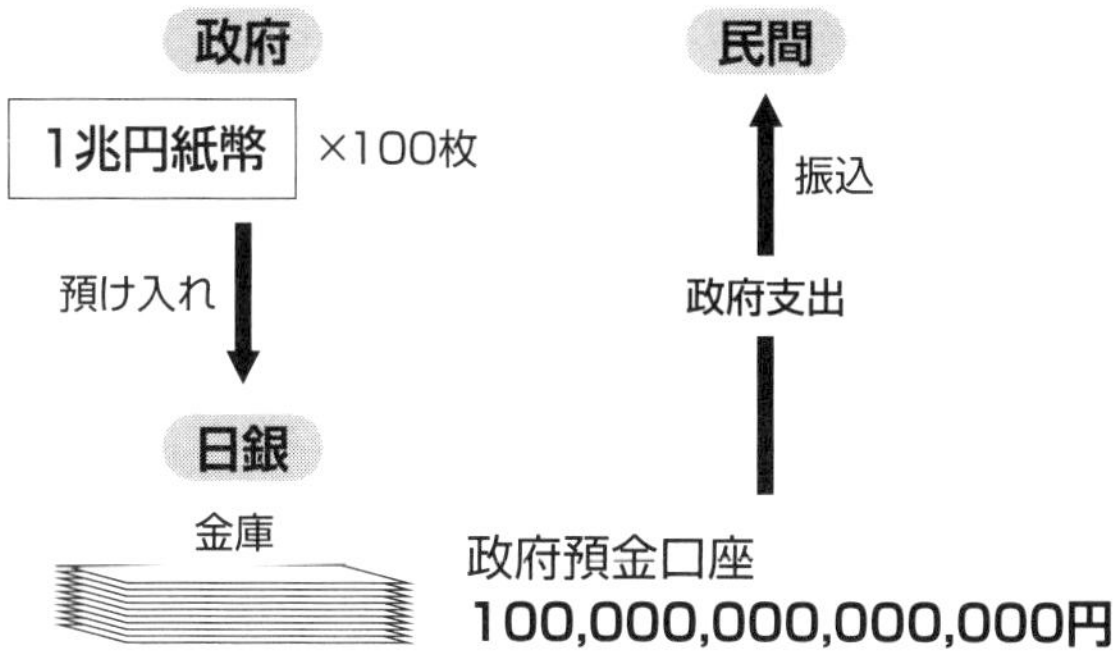

す。後は通常と全く同じです。政府は政府事業の支払いや公務員の給料としてそれを振り込み、受け取った人の口座の数字がその分増えます。それを引き出す時は、いつも通りの1万円札で引き出し、それが政府通貨で作られたのか、税金で集められたのかなど考えることもないでしょう。つまりよく言われるような、政府紙幣を発行すると、既存の紙幣と混同するなどということも全く起きないわけです。

政府の借金を政府通貨で返す

この100兆円の政府紙幣で何ができるかというと、まずそれで政府の借金を消すことができます。これを再度、平成29年度予算案を使って説明してみましょう（次ページ図11）。第三章でも説明しましたが、現在の日本政府の財政は、税収58兆円、その他収入が5兆円に対し、国債費以外の支出が74兆円で基礎収支がマイナス11兆円。これに国債費が23兆円

■図11:政府通貨で政府の借金を返すと?

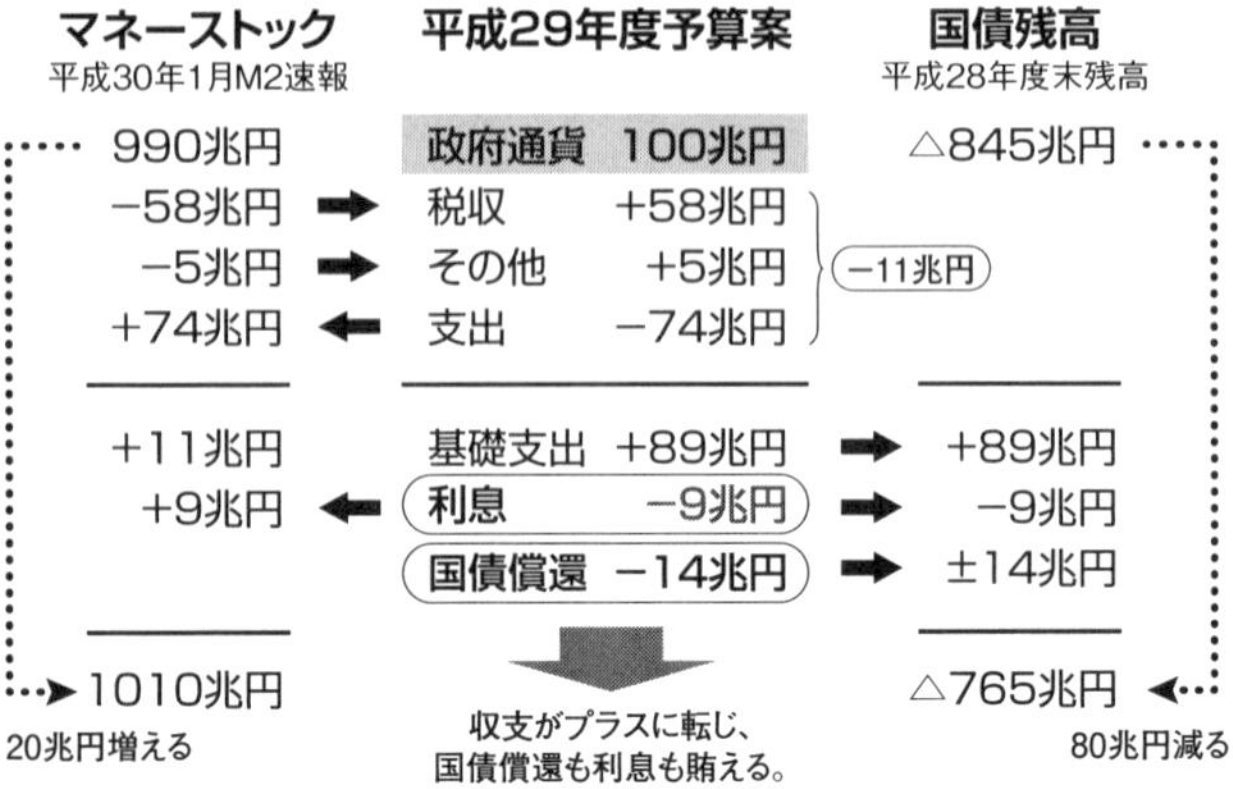

（償還14兆円＋利払い9兆円）加わりますが、14兆円は借り換え分なので、純粋に足りない金額は20兆円（基礎収支11兆円＋利払い9兆円）となり、従来はそれを新発の国債（新たな借金）で賄っていたのです。ところが、ここに政府紙幣で発行した100兆円が加わるとどうなるでしょう？　足りない20兆円を賄っても100兆円－20兆円＝80兆円余りますから、80兆円の政府の借金を消すことができます。これにより、政府の借金は845兆円あったものが765兆円まで減ることになるのです。

一方、皆さんの側から見るとどうなるでしょう？　税収が58兆円ということは、取られる税金は同じです。そして政府支出も基礎支出が74兆円と変わりませんし、利息の9兆円も概ね機関投資家を通じて同じように支払われますから、民間に戻ってくる金額は全く同じ。つまり、皆さんの生活には全く変化がないということです。少なくとも表面的には。

しかし、これで大きく変わるのは、皆さんのお金は9

９０兆円から１０１０兆円と20兆円増えながら、政府の借金は80兆円も減っている点です。仮にこれを10年続けるとどうなるか？　政府の借金は毎年80兆円減ってほぼ消え、皆さんのお金は１２００兆円に増えます。

もちろんこうなると、最初は表面的には何も変わらないように見えた皆さんの生活も、劇的に変わることになるでしょう。まず、国債の利息にかかっていた9兆円。これは元本の約９００兆円からすると年利わずか1%と少なく感じるかもしれませんが、仮に金利水準が変わらなくても、10年後には累計約１００兆円、金利が上がりでもすればもっとになります。しかもこれは今始まったことではなく、先の章でも触れた通り、すでにこの35年で累計約３００兆円にもなっています。これを受け取っているのは、すでに説明した通り、機関投資家です。日本政府の国債の9割以上は日本の機関投資家が持っていますから、その顧客、すなわち銀行、生命保険会社、損害保険会社、年金運用基金などに資産をお持ちの方々が、年間9兆円の利息を間接的に受け取り、過去35年間に３００兆円も受け取っていることになります。恐らくそれは、概ねご高齢で資産のある方々でしょう。逆にそれを負担するのが、そういった機関にあまり資産を持たない現役世代、そして未来の子どもたちです。すでに現役世代は、搾り取れるだけ搾り取られている状態ですが、それでも足りず、新たな借金、つまり未来の子どもたちからの搾取で帳尻を合わせる。要するに、今のお金の発行の仕組みとそれをベースにした政府の財政が、巨大な格差拡大装置になっているのです。

この装置をこのまま放置すれば、10年後には累計利息は４００兆円にも上ります。しかしそれを政府紙幣で完済してしまえば、向こう10年の利息も半減します。１００兆円かかるはずだったものが、50兆円ぐらいで済むでしょう（元本が逓減していくため）。その50兆円があれば、教育予算（年間4兆円）を10年間2倍以上にできます。または、18歳以下の未成年1人あたりに２５０万円を配ることもできます。現役世代はどれだけ助かることでしょう？ そして、もちろんこれは10年で終わる話ではなく、その後は利息が完全に消える話ですから、二度と現役世代が政府債務の利息で搾取されることはなくなります。これこそが本当の少子化対策ではないでしょうか？

　こうして彼らから見えない金利の重しを取り除けば、経済も間違いなく活性化します。現役世代は最も活動が活発な世代ですから、お金と時間の余裕さえあれば、当然それを使おうとするからです。その結果、インフレ気味になるかもしれませんが、その場合は税金を上げるなり、政府支出を減らすなりして調整すれば良いのです。それでお金の量は調整できますし、金利を上げる手もあります。この金融調節の方法については次節で詳しく説明しますが、この段になると、金利を上げても国債が暴落するなどという心配は要りません。なぜなら、国債そのものが存在しなくなるからです。円の暴落やハイパーインフレもありません。そういう懸念についても章末に説明しますが、いずれにしてもこの施策で10年もすれば、その劇的な効果を多くの人が実感するようになるでしょう。なぜならこれは、身体（経済）から病気にかかった悪い血液（借金マネー）を抜き、フレッシュで健康な血液に入れ換え、その毒素（金利）を一掃する作業だからです。こうして経済が健康体に戻れば、皆さんも今までが何だったのかと思うほどの変化を実感することでしょう。

新しい金融政策のあり方

勘の良い方は気づいたと思いますが、この政府通貨によるお金の発行によって、金融政策のあり方が根本的に変わります。従来の金融政策は「借金の量の調節」でしかありませんでした。なぜなら、「**お金の量＝借金の量**」だったからです。しかし、政府通貨の発行によって「**お金の量＝借金の量＋政府通貨の量**」になります。これによって、政府通貨の発行量がお金の量を調節する新しい弁になります。つまり、政府が毎年の予算案を通じて、お金の発行量を大きく左右することになるのです。

実は従来も、政府は実質的に同じようなことをやって来ました。政府が借金をしてお金を使うことによって、それが世の中に回ってお金を増やして来たのです。第三章の**図4**（58ページ）に戻って見ていただければ、20兆円の政府国債の純増が、そのままマネーストックの20兆円増になっていることがわかります。これ以外にもし民間銀行の借金が増えれば、その分のマネーストックももちろん増え

▼向こう10年の利息　政府紙幣でお金を発行するのであれば、10年とは言わず、初年度で845兆円を発行して一気に政府債務を完済することも可能です。ただしその場合、国債を保有している機関投資家への影響なども考慮せねばならず、10年とは言わないまでも、少なくとも数年の移行期間が必要と思われます。

ますが、実際はバブル崩壊以降30年近く、日本の民間銀行の貸出残高はほとんど増えず、実質的に毎年の税収と支出の差額、つまり政府の借金額がそのままお金の発行になって来たというのが実態です。ですから、政府の借金が政府通貨に変わったとしても、その点は変わりません。それは図11（92ページ）でも確認できます。図4と全く同じように58兆円の税収と5兆円のその他収入に対し、74兆円の基礎的支出と9兆円の利息の予算を組み、足りない20兆円を政府通貨で賄い、それが世の中に回ってマネーストックを増やしています。政府通貨の残り80兆円は借金の返済に回りますが、それは金融政策的に直ちに影響はありません。単に80兆円分の政府の借金を政府通貨に置き換えただけで、お金の発行量は変わらないからです。

しかし、大事なことは、その赤字財政がお金の発行に直結していることを認識しているか否か、そして、その赤字が政府通貨で賄われるか、借金で賄われるかです。まず、認識そのものがないと、例えばアベノミクスのように、異次元の金融緩和でお金を増やそうとする一方、消費税を上げてお金を減らすという矛盾した政策が行われてしまいます。それでは、政策の統合性がなく、すでにそうなっているように、政策効果を台無しにするのです。しかし、赤字財政がお金の発行であることを明確に認識し、それを政府通貨で賄えば、当面の応急処置に関しても、それを効果的に行うことができます。当面の応急処置とは、敢えて赤字財政を組み、足りない分を政府通貨で賄い、それをマネーストック増分として経済に供給することです。最終的に国債を全て政府通貨で置き換え、それに付随する利息を一掃するとしても、それまでの間は当分、政府および民間による借金マネーが大勢を占めるため、それに付随する利息は発生し続け、その分のマネーストックは増やし続けなければなりません。民間の信用創造でそれが期待できない以上、政府が明確な意図を持ってそれをやる必要があるのです。

もう一つ、この財政収支による金融調節がもたらす重要な効果があります。それは、従来よりも遥かに公正で機動的な金融調節が可能になるということです。従来の金融政策では、景気が悪化すると金利を下げ、景気が加熱すると金利を上げてきました。ゼロ金利になってからは量的緩和といって、日銀が銀行から国債を買い取って、銀行が貸せるベースマネー（準備金）を増やし、借金を増やすように誘導して来ましたが、いずれにしても借金の増減を誘導するのが今までの金融政策だったのです。しかし、考えてみればわかる通り、いずれもすぐに効くわけではありません。金利を上げたからといってすぐに借金が減るわけではなく、それで借りたい人や借りられる人が減り、さらに既存の借金が返済または債務不履行で減るという過程を経て、初めて減っていきます。その過程で苦しむのは誰でしょう？　大抵は経済的に苦しい人たちです。彼らは真綿で首を締められるように窒息します。逆に景気浮揚のために金利を下げたり、量的緩和をする際、最初に銀行は誰に貸すでしょう？　もちろん貸しても大丈夫な人たち、比較的余裕のある人たちです。つまり、従来の金融調節には即効性がなく、景気循環の度に格差を助長する。本来格差に対しては中立もしくは抑制的であるべき金融政策がそれでは、意図的ではないとしても、これはとても公正とは言えません。

新しい金融調節のあり方は、この問題も解決します。政府通貨を発行し、税収と支出の差額がお金の増減であることを認識した上で、金融緩和時には「**税収＜支出**」でお金を増やし、引き締め時には

「税収＞支出」でお金を減らせば、毎年の予算で直ちにお金を増減することができ、本来あるべき政府支出の公正さや税制の公平性が保たれていれば、格差に対して中立または抑制的になります。また、毎年の予算で調節できるので、従来の金融調節よりも遥かに即効性があり、景気変動に機動的に対応が可能です。もちろん、政府支出の公正さや税制の公平性に問題があってはいけませんが、それは金融政策とは別に解決すべき問題であり、だから既存の金融政策の方が優れているということにはなりません。むしろ、その公正性を保つ重要な動機になり得るとも言えます。

お金を配れ——黒字還付金の実施

政府通貨を発行してやるべきこととして、私はまず政府の借金をそれで置き換えることを挙げましたが、もう一つとても重要なことがあります。それはお金を配ることです。はい、いわゆるバラマキ、皆さんがこぞって批判する政策です。特に大手新聞はすぐにバラマキ批判を展開しますが、一方で、その大手新聞はどこも、日本人が稼ぎ続け、海外に貸しっ放しの3兆ドルの黒字、つまり349兆円分（16ページ表1）のタダ働きについては指摘しません。要するに、全体像が見えていないのです。30年以上も国家経営を間違え続け、国民に強いたタダ働き349兆円分、これを返さない選択肢があるでしょうか？　そして長期に渡るデフレも、その無理なコストカットが原因であることを考えれば、それを是正する策としても最適です。ですから、今こそバラまく時なのです。言葉が悪ければ「返す」と言えば良い。なぜならこれは「黒字還付金」なのですから。この30年以上、日本の労働者が必死になって稼いでも受け取れなかった黒字を還付するということです。もちろん、返すと言っても、誰がどれだけ犠牲を強いられてきたかはわかりませんから、苦肉の策として全員に配る。生まれたばかりの赤ちゃんもどなたかのご子息ですから、年齢などにも関わらず定額を配るのが一番妥当なやり方だと私は考えます。公平には程遠いかもしれませんが、何も返さないよりは遥かに筋が通っています。

ではいくら配れば良いか？　私はまず、1人100万円を配れば良いと思います。全員に配ると127兆円になりますが、財源は問題ありません。政府通貨を作って配るわけですから。バラマキ否定派はよく、「配っても使われない」と言いますが、4人家族で400万円です。ただでさえお金がかかる現役世代が本当に使わないと思いますか？　全部は使わなくても、一部は使うでしょう。それで良いのです。127兆円が全部使われれば、GDPがいきなり500兆円から627兆円になってしまいます。それも結構ですが、数年かけて上がって行くのでも全く構いません。いずれにしても、いつどれだけ使われるかが全く問題にならないのは、それが政府通貨で発行され、一切の利息を発生させないからです。

従来、使われないことを心配するのは、そのお金には必ず金利がかかっていたからです。仮に税金で財源を確保しても、それは元々民間が借金で作ったお金です。それを徴収して配っても十分に使われず、民間の生産性を上げなければ、元々の借金にかかる金利に負け、民間に負担がかかります。もし政府が税金ではなく、借金で財源を調達した場合は、今度は直接金利が政府にかかる。それを配って税収として返って来るまで時間がかかればかかるほど、利息負担は膨らみ続けます。いずれにしても既存のお金の発行の仕組におけるバラマキは機能しないという意味では、バラマキ否定論者は正しいと言えます。しかし、政府通貨によるバラマキは違います。借金ではないので金利がつきません。ですから、どのタイミングで使って貰っても良いのです。そこで増やしたマネーストックは、ゆっくり必ず効いてきます。要するにバラマキがダメなのではなく、今のお金の発行の仕組みがダメなのです。それさえ理解すれば、むしろ政府通貨を作ってバラまくことこそが、今最もやらなければいけない施策であることがわかるはずです。

よくある懸念や疑問

ここで、政府通貨の発行に関して、よくある疑問点や懸念点を挙げ、それについて説明します。

Q. 政府が無軌道な財政支出をするのではないか？

A. よくある懸念ですが、この根本にあるのは政府に対する不信感ではないかと思います。しかし、そもそもこの理不尽な仕組みを放置し続けて来た無策ぶり、つまり政府通貨を発行しなかったことがその不信感の元となっているのではないか？　そして不信を持っている人たちの多くも、今までの常識に囚われ、その不信の元に気づいていないのではないか？　ということをまず指摘しておきます。

それからもう一つ、私が図11で示した例は、１円も財政支出を増やしていません。税収も支出も全く変えず、単に政府通貨で国債を置き換えただけです。つまり、政府通貨の発行は、必ずしも無軌道な財政支出につながるわけではないということです。

とは言え、政府の借金を全て返済した後も、政府が政府通貨でお金を増やし続け、それを使い続ける懸念はゼロではありません。しかし、もしそうなれば、それを許しているのは我々自身だということになります。なぜなら、政府とは我々の代表であり、信用できる政府を作るのは我々の責任だからです。そして、それさえできれば、通貨発行と金融調節の権利を我々に取り戻せるということです。「それでも信用できない」と言うなら、それは自分たちを信用できないということであり、天に唾するようなものです。

Q．ハイパーインフレにならないか？

A．もし私が図11で示した例でハイパーインフレになるとすれば、今現在、何かが根本的におかしい証明になります。なぜなら、税収も支出も全く変えず、お金の発行量が20兆円と全く変わらないまま、ただ借金を政府通貨に置き換えただけでハイパーインフレになるなら、デフレの原因は通貨発行量ではないことを証明してしまうからです。そして恐らく、それは少しずつ証明されていくことでしょう。ハイパーインフレにはならずとも、灰色の男たち（金利）を徐々に駆除して行くだけで、多くの人を縛り付けていた重しが取り除かれ、人もお金も動き出し、少しずつインフレ傾向に動くと私は予測します。図11の例で言えば、10年後のマネーストックは１２００兆円と、年率わずか2％以下の伸びで、90年以降の平均伸び率（約2・5％）より低くなりますが、それでも少しずつインフレになる。つまり、今までの政策が全く的外れで、デフレの本当の原因は今のお金の発行の仕組みであることを証明する結果になるでしょう。ハイパーインフレを理由に政府通貨の発行を否定する人は自己矛盾に陥っています。30年近く、何をやってもデフレ状態だったものがインフレ、しかもハイパーインフレになるなどとは、正にそれこそが本当の解決策であると自分で主張するようなものだからです。

もちろん、10年過ぎてもなお同じペースでお金を発行し続けていれば、さらにインフレ率が上昇するかもしれません。また、もし私が前節で主張した1人１００万円の黒字還付金配布のような政策を早々に実行すれば、それがインフレの種を蒔くことになるかもしれません。しかしだからと言って、すぐにハイパーインフレになると騒ぐのは早計です。なぜなら、日本は世界で一番ハイパーインフレになりにくい国だからです。その根拠は世界一の経常黒字です。ハイパーインフレと騒ぐ人は多いですが、そのメカニズムを知れば、それが今の日本では非常に起こりにくいということがわかるはずです。

ハイパーインフレが起こる条件とは基本的に二つ。一つは極端なモノ不足、もう一つは恒常的な経常赤字です。前者は基本的にシンプルです。例えば戦争、大規模災害などで物資の供給が急激に減り、需要に全く追いつかなくなった時、お金は信用を失います。その本質はただの紙切れだからです。しかし、これは金融政策や通貨発行の問題ではありません。それはあくまでも非常事態での話であり、原因は別にあるからです。そして平時においては、特に日本で、それが供給が追いつかなくなるほどの需要を作り出すことは考えにくいです。なぜなら、需給ギャップによるデフレが長期間続き、しかも世界一の経常黒字国ということは、世界一の生産性を誇る国だからです。その国が平時において、たかだか政府通貨という金融政策のみで、需要に供給が追いつかなくなることなど、もし起これば今までが何だったのか、という話です。

そしてもちろん、もう一つの要因の経常赤字についても、日本が無縁であることは論を待ちません。恒常的な経常赤字の国がハイパーインフレになるのは、自分たちの国を成り立たせるだけの外貨を稼げないからです。戦争などで賠償を負わされたり、赤字で外貨を借りたりして一旦債務状態に陥った後、経常赤字が続けば、それを返す原資がないわけですから、外貨借款が増え続けることになります。次第に借りにくくなり、為替市場で自国通貨を売って外貨を買うようになりますが、当然、自国通貨安が進み、より多くの自国通貨が必要になる。通貨防衛のために金利も上げれば、それを返すためにさらに多くの自国通貨が必要になるため、通貨発行に歯止めが効かなくなるのです。しかし、日本は世界一の経常黒字国であり、世界一の外貨資産を持ちます。ですからそのために自国通貨を売る必要はありませんし、逆に円安にでもなれば、世界一生産性の高い国の輸出業者は大喜びです。そしていよいよ対策が必要となれば、世界一のドル売り／円買いの介入資金があります。また、毎年の予算で通貨量を調節できるようになれば、インフレが加熱すれば直ちに「**支出＜税収**」の予算を組み、お金を回収することもできます。これは従来よりも遥かに即効性がある金融調節方法であり、それでハイパーインフレになるなど、全く杞憂だということです。

Q. 円は暴落しないか？

A. 円は暴落しません。すでに説明した通り、もしその懸念が出れば、世界一の介入資金を持ちますが、もっと重要なのは介入資金の大きさではありません。介入だけで相場をコントロールすることは不可能です。基本的に、長期的に為替相場を決定するのはファンダメンタルズ、つまり基礎的条件です。為替の最も重要なファンダメンタルズとは各国の経常収支です。特にアメリカの経常収支。なぜならドルが基軸通貨だからです。これが、本書の冒頭でも説明した通り、平成28年度末で947兆円相当の赤字ということは、約9兆ドルを全世界が持っていて、それをアメリカに貸しているということです。中でも日本が世界最大の3兆ドルを持ってます。つまり、これらの国が9兆ドル近くのドルを買い越しており、それを為替市場で一斉に売り出したら何が起きるか？そして、その時にドルを売ってどの国の通貨を買うか？

例えば世界で二番目に黒字の多い中国がドルを売ったら、どの通貨を買うでしょう？　人民元？　違います。なぜなら人民元は基本的に中国人しか持たず、為替市場にはないからです。彼らはそれを周到に自分たちで自国内でコントロールしています。ですから、彼らが買うのは別の外貨。私が彼らだったら間違いなく円を買うでしょう。世界一の黒字を稼ぐ国の通貨は、世界一の生産性が担保ですから、世界一裏付けがしっかりしているということです。そして当然金利のつかない円をそのまま持つのではなく、日本の資産を買うでしょう。すぐ隣の国ですから、土地や株式を買っても運用の目が届きやすいからです。そんなことがすでに起きているという話を皆さんも聞いたことはないでしょうか？　今の状況を俯瞰で見れば、円が世界で最強の通貨であることは誰の目にも明らかです。逆にアメリカドルはすでに紙屑の一歩手前です。それをわかっているから、中国資本が日本に入ってきたり、トランプ大統領が盛んに日本と中国の黒字に対し、保護主義的なプレッシャーをかけてくるのです。

ちなみに、今のアメリカドルがどれだけ紙屑に近いかということを、私の為替ディーラーとしての経験を元に説明しましょう。為替相場では、100万ドル（約1億円）を「1本」と呼び、為替ディーラーは通常10本単位で取引しています。9兆ドルの買い持ちとは、それで言うと900万本です。これがどれぐらいの金額かというと、1回1000本のドル売りを1日10回仕掛けて、それを2年半毎日続ける計算です。為替市場を知っている人なら、これが途方もない金額であることがわかると思います。私が現役だった頃でも、一気に1000本動くと相場は少なくとも数十銭から

1円ぐらい動きました。それを1日10回、2年半です。少なく見積もって1回10銭だけ下がったとしても、1日1円も下落すれば、わずか3ヶ月でドル/円は10円になります。それでもまだ1兆ドルも売れていません。残り8兆ドルはどうしましょう? そうなったら誰が買うのでしょう?

もちろん、そんなことになれば、と言うより、いよいよ危ないとなれば、あらゆるルール変更や超法規的措置、場合によっては暴力的な方法で事を収めようとするかもしれません。そもそもこの仕組み自体、ごく一部の強欲な人たちのためにあるのですから。その仕組みが完全に行き詰まり、大破綻を迎える時、その人たちが黙って自らの富を差し出すでしょうか? その傀儡に過ぎないアメリカ政府に、日本は今だに盲目的に付き従ったまま、世界最大の紙屑を抱えている。その末路が哀れな生贄でしかないことは、皆さんも薄々わかっているはずです。円の暴落? 今の状況では全く考えられませんが、唯一あるとすれば、それは政府通貨を発行したからではなく、アメリカに全ての富を奪われたから、ということになるでしょう。

Q. 国債は暴落しないか?

A. 国債の仕組みを知れば、金利が上がれば国債の値段が下がるのは当たり前だということがわかります。なぜなら、国債は基本的に利付債(クーポン債)であり、例えば1%の利付(クーポン付)の10年国債なら、100円の国債に対して毎年1円の利息がつき、10年後に元本の100円が償還されます。もし市中金利が2%に上がれば、1%で運用しようとする人はいなくなりますので、額面の100円で国債を買う人はいなくなります。しかし、例えば償還まで残存期間5年の国債を95円で買えば、満期には100円が返ってきますので、5年分の利息5円＋元本売買益5円の計10円が運用益となり、95円の投資額に対して年率2％強の利回りになります。ですから、金利が上がれば国債の値段が下がるのは当たり前のメカニズムで、それと国債の買い手がつかなくなって暴落するというような話は分けて考える必要があります。

さて、まず前者に関しては、何の問題もありません。市中の金利が上がるということは、それでも借りたい人、返せる人がいて、銀行がより高利で貸せる状況にあるからです。今は低金利でも貸せる相手が見つけられないから大量の国債を買っているだけで、他により高利な運用先（借り手）が多く見つかれば、利息の少ない利付債を買う必要はなくなります。ですから国債は売られ、利回りは上がります。しかし、先ほども説明した通り、市中金利が2％の状況で残期間5年の国債を95円で買えば、2％以上の利回りが出ます。どの企業よりも安全性が高く、利回りが高い運用先を銀行が見逃すでしょうか？　当然買いが入り、市中金利並に落ち着きます。

では、国債の買い手がいなくなって暴落する懸念はないのでしょうか？　よく、GDP比が200％近いからとか、財務省のホームページにもGDP比を抑えなければいけないというような記述がありますが、論理が逆転しています。これまでの説明でもおわかりの通り、経済成長が止まったから銀行の民間融資が増えなくなり、それでもお金と借金を増やし続けなければいけない金融システムだから、政府が国債を発行してお金を増やし続けて来たのです。銀行がそれを買うのは、政府が借金をして使ったお金が民間のマネーストックを増やし、それがまた銀行に預けられ、それをさらに運用しなければならないからです。また、第三章の「お金の発行の仕組み」で説明した通り、もし預金準備率が1％であれば、銀行は預かった預金の１００倍まで貸すことができます。つまり、いくら国債が増えても、それがマネーストックを増やす限り、その何倍ものお金を常に銀行は作り、それで国債を買うことができる。要するにこのメカニズムにおいて、ＧＤＰは全く無関係なのです。なぜなら、経済成長が止まっても、お金の発行の仕組みは止まらないため、政府の国債がお金を増やし続ける以上、その増えたお金を運用するために銀行はむしろ、国債を買い続けるしかない（民間の融資先を見つけられない）からです。もはやＧＤＰ比が３００％になろうが５００％になろうが関係ありません。日本はすでに30年前からその状況に陥り、今後も思考停止したまま同じ仕組みを続けるのであれば、ＧＤＰ比２００％など序の口です。それで騒ぐことこそ、本質がわかっていないことの証明なのです。

とは言え、ＧＤＰ比が大きすぎて不安になる人たちの気持ちも、少しだけわからないでもありません。なぜなら、ＧＤＰを実体価値の総和と考えると、それが「借金を返す原資」だと考えてもあながち的外れではないからです。政府の借金の裏付けになるのは、その国の民が作り出す実体価値であり、それが十分ではないと、そのうち誰もそんな国の政府の国債を買わなくなるのではないか、と。しかし、それには重要な視点が欠けています。**それはＧＤＰは実体価値そのものではなく、それをお金で計った金額**に過ぎないという点です。

すでに第二章で説明した通り、GDPとは「使われたお金の総額」です。肉や野菜が何キロではなく、それに対していくら使われたか。今、日本のGDPとマネーストックの比率はほぼ1対2です。第三章の図3（56ページ）のグラフを見てわかる通り、GDPとマネーストックが大きく乖離を始めたのは90年台後半です。バブルが崩壊して、経済成長がなくなってもなお、お金と借金を増やし続けた結果ですが、これでわかることは、従来は、発行されたお金は一通り使われ、GDPとほぼイコールになるのが当たり前だったということです。これはシンプルに考えてみればわかります。肉や野菜の生産量が全く変わらないまま、お金の量だけ倍に増えれば、値段が倍、つまりお金の価値が半分に落ちるだけなのです。しかし、今そうなっていないのは、1．著しい格差で、お金が必要な人たちのところに届いていない一方、2．借金とお金を増やし続ける仕組みが、複利で数字（一部の人たちの帳簿上の資産）だけを増やし続けたため、半分ぐらいのお金が使われていないから、です。もし、発行されたお金の全てが一巡すれば、GDPはたちまち倍になるでしょう。しかし、だからと言って、肉や野菜の生産と消費の量が倍になるわけではありません。恐らくインフレになる、つまり、元々半分の裏付けしかなかったお金が、その通りの評価に落ち着くだけです。そして、それは政府の借金についても同じです。お金の価値が実際は半分しかないのであれば、政府の借金の重さも半分ということです。要するに、政府の借金がGDP比で膨れ上がっているのは、それを計るお金が数字上だけで膨れ上がっているからで、決して皆さんの生産性に対して政府の借金が大きすぎるということではないのです。ですから、政府の借金を（お金で計った）GDP比で論じるのは全く無意味であり、本質から外れています。

もう一つ、国債の暴落を心配する議論の中に、こんなものがあります。それは、政府通貨で政府の借金を返せば、それが国債の信頼を傷つけるのではないか、と。なぜ信頼が傷つくのでしょう？　これは国債を債務不履行にするのではなく、元本に利息をつけてきちんと返す話です。それが政府通貨で作ったお金だろうが、今まで通り新たな借金で作ったお金だろうが、誰がどう区別するのでしょう？　すでに説明した通り、政府通貨は日銀の金庫から一歩も出ず、国債の保有者の口座には同じ数字として書き込まれるのに。

それに、すでに日銀は、アベノミクスの異次元の金融緩和と称して、市場の国債の半分を買い上げてしまいました。買われた銀行から見れば、その原資が政府通貨だろうがそうでなかろうが関係ありません。今まで利息を稼いでいた虎の子の国債が、利息を生まないキャッシュに換わり、それをどうやって運用しようか頭を抱えている状態です。さらに政府通貨でもっと多くの国債を償還していけば、それはどんどんキャッシュに換わり、放っておいても10年後には全てキャッシュになります。その間に得られるはずの利息も全て諦め、なぜ今すぐ売り払ってキャッシュ化する必要があるのでしょう？

Q. 民間銀行はどうなるのか？

A. もし政府が政府通貨でお金を発行するようになれば、今まで借金でお金を作り出していた民間銀行はどうするのか？　信用創造はなくなるのか？　という疑問があります。私は信用創造は完全にはなくならないし、完全になくすべきではないと考えています。なぜなら、信用創造機能がゼロになるということは、あなたが銀行に預けた１００万円を銀行が誰かに貸せば、それはあなたが貸したことになり、それが返って来ない限り、引き出せないことになるからです。これは何か他の実物、例えば傘を誰かに貸した時と同様に考えるとわかりやすいです。それを又貸しされたら、それが返って来ない限り、あなたは貸した相手から取り戻せないことになります。もし銀行に預けたお金がそうなれば、これはとても不便な世の中ではないでしょうか？

これに対する解決策として、銀行が皆さんのお金を貸すのではなく、それは１００％保持したまま、例えば中央銀行から融資の原資を借り、それを借り手に又貸しすれば良いという考えがあります。しかし、それでは本質的に今と変わりません。なぜなら、皆さんの預金は全く減らないまま、中央銀行が新たなお金を借金として別に発行し、民間銀行を通じて経済に供給する。つまり、民間銀行が仲介役に変わり、中央銀行が貸し手になっただけで、借金でお金を作ることには変わりないからです。その与信を民間銀行がやり、仲介手数料を取れば、今と何も変わらないことになります。

では、「銀行がお金を貸すのを止めれば良いじゃないか」と言う人はまさかいないとは思いますが、一応それも否定しておきます。なぜなら、お金を余らせている人とお金が必要な人を結びつける機能がなくなれば、心臓のない体のように、経済の血液を回すポンプを失うことになるからです。他のやり方が不可能とは言いませんが（例えばネットで借りたい人と貸したい人をマッチングさせるなど）、今のところ不便でハイリスクですし、十分な機能を備えるまでには時間がかかるでしょう。であれば、せっかく銀行が培ってきたノウハウを当面は活かす方が得策です。

そもそも、本来の銀行の業務とは、そういうものだったのです。伝統的なバンカーたちは事業を見る目を持ち、その社会的な意義なども含めて総合的に判断し、お金を融通したものです。しかし、日本の民間銀行はいつの間にか変質し、例えば土地担保融資のような安易な融資をすることにより、そういった気概とノウハウを失いつつあります。ただ、完全に失ったわけではなく、その矜持を持つバンカーもまだいるはずですし、何よりもそれを望む企業人も多いはずです。ですから今こそ、本来の銀行業務を復活させ、政府通貨と信用創造による「ハイブリッド発行」でお金を供給すべきと私は考えています。「ハイブリッド発行」とは、政府通貨の発行を行いつつ、従来の信用創造も残すやり方です。ただし、本来あるべきバンカーとしての矜持を取り戻していただき、土地担保融資のような安易な融資からは卒業していただきます。その道筋については後章の「土地を公有化する」で説明しますが、要するに「担保を見る」というような安易なものではなく、「人を見る、事業を見る、社会を見る」という本来の仕事をしていただくことになります。これにより、銀行のリスクは増し、安定的に儲けることが難しくなるかもしれません。さらに今後、ブロックチェーンシステムによる銀行口座を介さない決済システムが普及すれば、手数料などの安定収入を失う可能性もあります。銀行はそうならないよう、その分野での主導権を握ろうとするでしょうが、それを許しては本末転倒です。銀行とは本来、儲けるべき業種ではないのです。銀行のみならず、あらゆる金融業は儲けるためのものではありません。なぜなら、それはお金という血流をスムーズに回すための社会の公器であって、血管が太るようでは血流が細るのは自明だからです。経済とはあくまでも実体価値を作り出す人たちのものであり、金融業が跋扈する世の中はロクなものではありません。ですから、その本質に基づいた信念ある金融業、ひいては健全な社会に生まれ変わらせる必要があるのです。とは言え、日本の銀行の株式の多くが外国資本に押さえられている状況では、それも一筋縄ではいかないかもしれません。ただ、それも皆さんの覚悟次第です。本気で変えたいのか変えたくないのか、最後はそれが問われるでしょう。

▼ブロックチェーンシステム　分散型台帳システムのことで、これにより、従来銀行が一元管理していた電子送金取引を銀行口座を介さず、仮想通貨などで行うことができる。

第六章　国家経営のあるべき姿

国家経営の本質

さて、ここまでは主に財政・金融の話をしました。これらは枠組の話です。お金をどう発行するか、どう発行量を調節するか。国家機能の最も重要な部分ですが、機能だけでは国は動きません。その機能を使って何をするか、どの方向へ向かうかが肝心だからです。ここからはその方向性を考える上での基本、国家経営のあり方について説明します。

まず、国家経営とはそもそも何なのか？　こんなことを考える人は少ないかもしれません。普通は考えなくても生活できますから。しかし、政治家や官僚は違います。彼らが正に国家経営代行者ですから、それを明確にわかった上で職務を遂行していただかなければ困ります。ですが、残念ながら、彼らにはそれが全くわかっていないようです。それはこの30年以上、349兆円分ものタダ働きを国民に強いたことからもわかります。恐らく本質的に考えることをしないのでしょう。せいぜい戦後復興と同じように、黒字を稼ぐ、またはGDPを上げるのが国家経営ぐらいに思っていたに違いありません。許すべからざる思考停止です。

国家経営の本質とは、基本的に次の二つです。まず一つは国家として自立し、持続可能な状態を保つこと。その意味では、黒字を稼ぐことは間違いではありません。なぜなら、国内にないものは輸入せざるを得ず、そのために十分な外貨が必要だからです。国家経営者はそれを稼ぐための輸出産業と、外貨の流出を抑えるために、国内向けの財やサービスを生産・提供する国内産業を興す必要があります。ただ、日本はそれをやり過ぎました。仕事とは本来、それらの業務を広く国民に分担することであり、十分な生産性があれば、皆さんはそんなに長時間働かなくても済むはずなのです。それこそ世界一の外貨を稼いでいるのであれば、その分少なく働けば済む話です。ところが日本はいつまでも戦後復興をやり続け、あり得ない長時間労働を国民に強い続けてきました。それはもう一つの重要な本質を忘れているからです。

国家経営のもう一つの重要な本質とは、人の時間と労力を何よりも大事にすることです。そもそも、集団や国家の形成はそのためにあったはずなのです。各々が必要な財やサービスを作って自給するよりも、集団化し、専門家を作って分担し、相互に提供し合った方が効率的で時間も労力も節約できます。そうすれば自由時間や余力が増えます。後はそれを最大限に個々人に帰属させること。なぜなら、各人が持って生まれた身体、能力、時間などは全てその人のものであり、それを自由に使うことは最も基本的な人権だからです。国家の存続のためにそれをある程度借りるとしても、それは最小限であるべきです。それが本来の個人と国家の社会契約であり、特に「時間の概念」は、ジャン＝ジャッ▼

▼ジャン＝ジャック・ルソーが社会契約論を執筆した当時　国家とは、その中における個人の自由意思が保障されて正当化されるものであり、その社会契約に基づいて存在すべきものであると説く『社会契約論』は、1762年の刊行。

ク・ルソーが社会契約論を執筆し当時はそれほど大きな問題ではなかったかもしれませんが、今の金融経済においては（金利という悪弊によって）、個人の自由意思に関わる重要な要素であることは間違いありません。しかし、そのような洞察は疎か、人間の生き方や幸せの本質すら忘れ去られているから、全くでたらめな国家経営しかできないのです。

本質を忘れた弊害は、自立への逆効果という形でも現れています。本来自立するための外貨獲得だったはずが、それをやり過ぎたために円高を誘発し、その内外価格差が国内産業を傷つけ、自立の足腰を弱めているのです。特に食糧、エネルギーの依存は深刻です。「買ってきた方が安い」という目先の収支ばかりに目を奪われ、依存することの恐ろしさを忘れてしまっています。グローバル化の名の下に、国民の命に関わる食や医療（医薬品）、エネルギーの供給を海外に依存すること、国民の生活の基盤となるインフラ全般（電気、ガス、水道、通信、公共交通、土地など）を民営化し、外国資本に売り渡すことはとても危険です。なぜなら、グローバル化の本当の意味は、いつでも海外から買えるということではなく、海外資本に生殺与奪を握られることだからです。あろうことか日本は、すでに多分にその状況に陥っています。それが本当に国家経営がわかっていないせいなのか、意図的なのかはわかりませんが、やるべきことは明らかです。そろそろ本当に私たちの、そしてこれから生まれてくる子どもたちのための国家経営をしなければなりません。

今こそ徹底すべき日本経営のポイント

では、今、どんな考えの下に日本を経営すべきなのか、留意すべき重要ポイントを挙げて説明します。より具体的な政策は次章以降で補足しますが、これらが新しい日本経営の骨子になります。

1．内需を拡大すること

これは古くて新しい課題です。１９８５年のプラザ合意が正に、それをやれとのアメリカからのメッセージだったわけです。しかし、アメリカから言われたからではなく、これは必然なのです。日本が膨大な貿易黒字を稼ぎ、他の国（アメリカに限らず）が膨大な赤字を負う状態が持続可能であるはずがありません。基本的に各国の経常収支がバランスする方向へ向かわなければ、いつまで経っても国際紛争はなくならないのです。ですから、世界中の国々が仲良く共存するためにも、まず日本が内需を拡大し、輸入を増やして輸出を減らし、収支を積極的にバランスさせるイニシアチブを取るべきです。

しかも、これは我々が間違え続けてきた国家経営の修正でもあります。皆さんが身を削って稼いだ３４９兆円相当の世界一の黒字は、結局全て海外に貸しっ放しで、ほとんど皆さんのためには使われていません。ですから、今こそそれを使うべきなのです。第一章の最後にも書いたように、黒字は使わなければ意味がありません。それを使って実体価値に換え、国内に持ち込んで初めて皆さんがその恩恵を享受することができます。そのためには、まずは皆さんにその余裕を配ること。具体的にはすでに前章で説明しました。政府通貨でお金を作り、皆さん一人ひとりに配るのです。そしてもう一つ、時間的余裕も配らなければいけません。黒字を減らして良いわけですから、その分少なく作って少なく売れば良いのです。つまり少なく働くということです。こうしてお金と時間を皆さんが手にすれば、それを使う余裕が生まれ、消費が拡大します。それが内需拡大であり、輸入を増やすことになる。イコール黒字を使うということになります。

これを家計に例えるとこういうことです。ある家庭が過去30年、ひたすら休む間もなく働き続け、どの家庭よりも貯金をしていたとします。そこで、その家の人たちが外に働きに出るのを減らし、家庭内でお手伝い券を発行し、家族の間でお互いにサービスを交換し合うわけです。子どもがお母さんの肩叩きをしたり、お父さんがお母さんの絵を描いたり。何でも良いのですが、それを家庭内だけで通用する券で交換する。それによって、絵の具や画用紙が余計に必要になって、外から買う消費が増え、少なく働く分収入も減り、貯金は少し減るかも知れません。でも、今までが働き過ぎで、誰よりも貯金があるわけですから、少しぐらい使っても罰は当たらないでしょう。日本がやるべきことは、そういうことです。すでに世界一の外貨を稼ぎ、これ以上働く意味はありません。政治家の点数稼ぎのためにＧＤＰを上げる必要など全くないのです。経常収支はバランスさせれば十分です。後は国内で（家庭内で）好きに時間を過ごせば良いのです。国内だけで流通する自国通貨（お手伝い券）を増やして、国内（家庭内）でどんどん回し、お互いにサービスを交換すれば良い。それで輸入が増えても、それを賄うだけの外貨は十分過ぎるほど稼いでいます。対外純資産世界一ということは、世界からの投資も必要ないので、国内だけで流通する自国通貨をどんな形で発行しようが、それをどう流通させようが、海外にとやかく言われる筋合いは全くありません。ですから、政府通貨で作ったお金を国民に配っても何の問題もないのです。海外でそんなことをやった国がない？　だから何だと言うのでしょう？　これは世界一の黒字を稼いだ世界一のお金持ち国、日本だからこそできること、やるべきことなのです。我々が世界に先駆けてやらなくて、一体誰がやるのでしょう？　我々にはむしろ、その責任があるのです。

2．方向性を明確にすること

内需を拡大することは重要なことですが、今やその内容が問われる時代です。かつて80年代に言われていた内需拡大は、ひたすら消費を増やす、特に外国製品を買えということでした。しかし時は流れ、今や大量消費の時代ではありません。ましてや、欲しくもない外国製品を買ったところで、それで何が良くなるわけでもありません。これは黒字を減らす話ではなく、黒字を使って何をするかの話なのです。ですから、何をするか？　何をしたら、より良い社会、いや世界を築き、それを未来の子どもたちに残せるか？　そんな大きな目的のために、日本が国家として進むべき方向性を明確にする必要があります。これは責任重大です。なぜなら、世界一のお金持ち国だからこそ、そしてそれを築き上げた技術力、勤勉性を持つ我々だからこそできること、やるべきことがあるからです。本来、我々はとっくの昔に、戦後復興という目標を達した数十年前に、その方向へ舵を切るべきだったと思います。しかし、それをできるキャプテン（船長）が恐らくいなかったのでしょう。今だに何の方向性もなく漂流し、思考停止したまま黒字や経済成長という幻想を追い続けている。その中で多くの人が疲弊し、生きる目的すら見失いつつある。そんな状態だからこそ、我々の国家としてのあり方、世界における存在意義を今こそ明確にし、その方向へ使命感を持って進み始めれば、そこに暮らす我々一人ひとりの人生も改めて輝き始めるのではないでしょうか。そして何より、そうやって方向性を明確にすることが、我々の時間と労力を大事にすることにもなるのです。

今、私たちが進むべき方向性、それは私には明らかに思えます。持続可能な人類の発展のために、そのモデルとなる社会を作ることです。例えば２０１１年の原発事故を受けて、我々が再生可能エネルギーにシフトするのは当然です。あれだけの事故を起こした責任を取る意味でも、我々が率先してやるべきでしょう。今だに原発を経済合理性で語る人がいますが、とんでもないことです。取り返しのつかない事故の影響をお金で計れると思うことほど愚かなことはありません。それに、原発を止めることにより、火力発電用の燃料の輸入が増え、年間３兆円の国富が流出するという人がいますが、だから何だと言うのでしょう？ 日本には３４９兆円相当の外貨があり、年間３兆円が流出したところで、１１５年分以上の余裕があります、その間に完全に再生可能エネルギー社会にシフトしてしまえば、結果的に燃料の輸入も減り、また黒字を稼ぎ出してしまうでしょう。

それからもう一つ、再生可能エネルギーは高いと言う人がいますが、全く視野の狭い見方です。企業や家庭レベルで見れば高いかもしれませんが、国家として見れば最も安いのが再生可能エネルギーです。なぜならそれは、日本にある太陽や風や水流、地熱など、海外から何も資源を買わなくても、すでにある自然から発電できるからです。いくら目先のお金が高くても、そのお金は全て国内を回り、誰かの売上、または給料になります。ですから、いくら高くても一向に構わない。むしろ高い方が良いのです。要するにこれは、家庭の例で説明したお手伝い券を使うことと同じです。それは家庭内（国内）だけで流通する通貨であり、いくら使われようがなくなるわけではなく、ぐるぐる回るだけです。そして、その過程でむしろ人々の活動を活発にするという意味で大歓迎なのです。

同じことは全ての国産の実体価値に言えます。国産の野菜、工業製品、工芸品、芸術作品、国内で提供される各種サービス。これらはいくら高くても、そこで払われたお金は全て国内を回り、それらを作り出している同朋に回っていきます。ただ、気をつけなければならないのは、海外資本が入っている大手企業です。彼らは日本の労働者を安く使って、日本の消費者に高く売り、利益（円）を外貨に換えて持ち帰るのが目的ですから。しかし、外資の入っていない中小企業、町の店舗、農畜産漁業者などは皆、同朋です。その人たちに回ったお金は、必ず巡り巡って自分たちの元へ戻ってきます。

国家がすべきなのは、まずその余裕（お金と時間）を皆さんに配ること。そして明確な方向性を示し、政府通貨で作ったお金で、政策的に皆さんの時間と労力をそちらに向けること。そうすれば日本は力強くそちらへ進んで行くでしょう。そしてもちろん、エネルギーや食糧、その他重要産業の自立も、この方向性の先にあります。

3．障害を除去する

国家経営におけるコストと、皆さんが通常考えるコストとは全く違う概念です。皆さんが通常、家計や企業会計で考えるコストとは、「かかるお金」のことです。しかし、国家経営におけるコストとは「かかるお金」ではありません。少なくとも国内の円ではないのです。それは先ほども説明した通り、国内をぐるぐる回り、決して消えることはありません。お金が唯一消えるのは、その裏返しである借金を返した時のみで、使われたお金は必ず誰かの手に渡ります。つまり、国家単位で考えれば、皆さんが通常コストと考えている「かかるお金」はイコール誰かの売上であり、給料であり、いくらかかっても構わないものなのです。逆にそれがかかればかかるほど、人の活動は活性化することになります。もちろんＧＤＰも上がります。つまり、それは最大化すべきものなのです。

では一体何が国家にとってのコストなのか？まず、外貨で支払わなければいけないものは、コストと考えて構いません。国家として国内にないものを買って来る仕入れ（輸入）にコストがかかり、輸出や投資収益がそれを下回れば赤字になってしまいます。ですから、それは少ないに越したことはありません。しかし、それは安く海外に製品を売って売上（輸出）を最大化するためではないのです。それをやろうとすると、仕入れに乗せる付加価値、すなわち皆さんの労働対価をも削り始め、それが大きな利益（黒字）となっても、結局は全て海外に貸しっ放しで皆さんは取り分を削られるだけだからです。そうではなく、収支はバランスすれば十分なので、利益（黒字）を最小化し、皆さんの付加価値の対価を最大化するのが正しい国家経営です。

では、付加価値の対価を最大化するにはどうしたら良いかというと、まずは給料を上げることです。そうすれば人件費が価格に転稼され、輸出品価格が上がりますから、それほど売れなくなります。しかし、それで良いのです。その分少なく働いて、経常収支はバランスすれば十分。ただし、赤字がずっと続いては困りますから（当分は赤字で構わないが、いずれバランスさせる必要があるため）、それでも十分売れる（収支をバランスさせる程度に）質を保つ必要があります。そのためには無駄を削り、単位時間あたりのアウトプットを最大化すること。もちろんそれは利益や黒字を稼ぐためではなく、皆さんの時間と労力を無駄なく使い、余った余裕と時間を皆さんに返すためです。そのために削るべき無駄とは、皆さんの活動を阻害する余計な障害物。それは例えば、人やモノの移動に要する時間や費用、人が集うための場所の費用、お金や情報の交換にかかる費用、それから前述した方向性の欠如やデフレなども広義の障害です。

デフレが時間と労力を無駄にすると言ってもピンと来ないかもしれませんが、デフレは値段が下がる現象です。ですから、人々の活動を抑制します。後で動く方が安いからです。企業も投資を抑制します。しかし、だからと言って人々が長生きするわけではなく、貴重な人生の一部が無為に流れていってしまいます。国家にとって、いや、皆さんにとって、これほどの損失があるでしょうか？　ですから、国家はデフレだけは起こしてはいけないのです。それは人々の限られた人生の一部を奪う、とても非人間的な現象だからです。

この他にも、この国には人の活動を抑制する障害がたくさん放置されています。例えば、これも後ほど詳述しますが、高い地価。これによって人が集う費用が高くなり過ぎる。人やモノの移動にかかる費用もしかりです。高速道路など無料が当たり前です。「作った費用を回収する」など一般企業の考え方です。作った時点で、使った実体リソース（人の時間と労力、資源）は確定しています。それはもう二度と回収できないのに、であれば作った道路を最大限利用して貰う方が良いのに、課金して使いにくくするとはどういうことでしょう？　その資金を回収するという、実際は存在すらしない目先のお金に国家経営者が囚われているからです。ＪＲも国鉄のままで良かったのです。公共交通機関が利益を上げる必要などありません。ＡＴＭも国有化して無料化すべきです。国民が経済活動をする度に銀行がお金を掠め取る大義はありません。銀行には社会の公器としての役割に徹していただく必要があります。また、電気、ガス、水道など、国民の生活に必要なインフラも、民間会社に任せて営利事業にすべきではありません。結局そこで利益を上げるということは、国民から必要以上に取り、資本家を肥やすだけです。国民の生活の基盤となるサービスでそんなことをする必要はありませんし、それが人々の活動を少しでも抑制するなら、むしろやってはいけないことなのです。

この他にも、使いやすい都市デザインや空間の公共化（自由に無料で使える施設や設備を増やす）を積極的に推し進め、人々の活動を活性化することを主眼に社会インフラを徹底的に作り変えるべきです。なぜなら、「社会とは舞台」だからです。皆さんがせっかく持って生まれた時間を最大限有効活用し、人生を輝かせるための舞台。それを整えずして、何のための国家なのでしょう？

4．古い財源論を葬り去ること

ここまでのポイント全てに共通するのは、潤沢な政府予算を要するということです。内需拡大のためにお金を配ることも、方向性を明確にし、その方向へ人々の時間と労力を振り向けることも、人の活動を抑制する障害を取り除くのも、政府が明確な意志を持ち、そこに潤沢な予算を投入して初めて実現します。しかし、そこでいつも壁になるのが財源論です。これまでもずっと「税収が足りない、財源はどうする？」で終わってきてしまっています。

しかし、そもそも財源論はとっくの昔に崩壊しているのです。これまでも説明してきたように、この35年以上、日本政府はずっと税収を上回る予算を組み続け、足りない部分を借金で賄って使ってきました。そして、その差額は新たなお金の発行となり、マネーストックを増やし続けてきたのです。その額、実に845兆円。990兆円のマネーストックM2と同じぐらいの金額に達し、それを返せば、M2のほとんどは消えてしまうという状況で、今更どこに財源論を持ち出す余地があるのでしょう？　これもすでに検証したように、いくらプライマリーバランスを達成しようが、そしてさらに財政収支が改善しようが、今までの借金にかかる利息が全てを押し潰して行くということもはっきりしています。要するに、**財源論はとうの昔に死んでいる**のです。それをはっきりと認識した上で、この亡霊を直ちに葬り去る必要があります。

これに代わる考え方は、すでに前章で説明した政府通貨の発行です。まずは、今まで政府および民間の借金で発行して来たお金が大勢を占める状況で、そこにかかる利息分、お金は増え続ける必要があります。そのためにも、当面は「**税収<支出**」の赤字予算を組み、足りない部分を政府通貨で賄い、マネーストックを増やし続けなければなりません。つまり当分、**赤字でなければならない**ということです。その意味でも、財源論は邪魔になるのです。

では、どのぐらいの赤字が必要かというと、これは金融政策の範疇ですが、少なくとも平成29年度予算案の20兆円程度では全く足りないでしょう。今だデフレ脱却の兆しすら見えないからです。それこそ初年度127兆円（1人100万円）の黒字還付金を配るぐらいの大胆な政策が必要だと思います。後は物価の推移を見ながら、毎年の予算案で調整していけば良いでしょう。と、ここまでは金融政策、つまり、マネーストックをいくらぐらいに誘導するかという枠組の話ですが、この議論にはもう一つ大事な側面があります。それは、その枠組の中で何をするか、つまり財政政策の中身、国として何をするかという方向性の話です。

従来の財政政策は、限られた予算の中で何をするか、足りないから何に課税するかという財源論が中心になっていましたが、財源論を葬り去れば、足りる足りないの話ではなくなります。誰になぜ、どれだけ課税し、それを何に、なぜ、どれだけ使うかという、財政の本分に立ち返ることができるのです。もちろん、いくら足りない部分を政府通貨で賄うとはいえ、どれだけ足りなくするか（マネーストックをいくら増やすか）は金融政策の範疇なので、それとの折り合いをつける必要がありますが、少なくとも従来の「足りないからできない」とか「足りないから課税する」という財源論から解放され、「なぜ、何のために？」という思想を予算案に色濃く反映できるようになれば、より明確な方向性を示すことができます。ですから、しっかりとした意志を持った国家経営をする上でも、すでに通用しなくなった財源論を完全に過去のものにする必要があるのです。

5．お金で考えないこと

お金は指標になります。例えば、政府通貨を発行し、それが国内を循環し、たくさん使われれば経済は活性化し、GDPは上がります。政府予算をある方向に集中的に振り向ければ、その分野でお金が動く。GDPもさらに上がるかもしれない。しかし、それはあくまで一つの指標です。何の指標かというと、そのお金と引き換えにたくさんの人やモノが動き、時間と労力が使われたという指標です。つまり、「それで何をしたか」が肝心であって、お金が動いたから良いという話ではないのです。それが本当に皆さんのためや、未来の子どもたちのために役立たなければ、無駄になってしまいます。もちろんお金がではなく、それに従事した人の時間と労力、そして資源が。

お金など、いくら使われても決して消えることなく、経済の中で右から左に流れるだけですが、一度使われてしまった人の時間と労力、そして資源は二度と戻ってきません。そして時間は何もしなくても失われていきます。だから私は、国家経営の本質とは、人々の時間と労力、そして限りある資源を大切にし、それを最大活用することだと言うのです。その視点で国家経営を行い、例えば予算を組む時には、そこに投入しているのはお金ではなく、人々の時間と労力であることを肝に銘じ、下手をすると、皆さんの貴重な人生の一部を無駄にしかねないという覚悟を持って臨むべきです。そして、それを投入する理由も、お金のリターンを得るためではなく、それが最大多数の最大幸福に寄与するかどうか、そして未来の子どもたちのためになるかどうか、そういった観点から判断すべきことなのです。

ただ、幸福とか未来の子どもたちのため、という成果は、必ずしも客観的には計測できません。仮に何らかの方法でできたとしても、それが数字に現れるまでに長い時間がかかったり、因果関係がはっきりしないことも多いでしょう。例えば、子どもたちへの教育が、経済成長や税収、または社会の幸福度などに表れるにはどのぐらいの時間がかかり、表れたとしてもどれだけそれが直接的に関わっているのか、誰かわかりますでしょうか？　また、持続可能な循環型社会を作るとして、それにどれだけ人の時間と労力をかけたら良い投資効率なのか、どうやって計算するのでしょう？　絶滅しつつある生物種保護のため、どれだけの人の時間と労力をかけるべきなのか、そしてそれが人類にどのような恩恵をもたらすのか、または人類への恩恵だけで判断すべきものなのか、皆さんはどう思われるでしょう？

もちろん、ここで皆さんに答えを出せというわけではなく、私も答えを持つわけではありません。ただ、一つだけ確かなのは、それは我々の今の経済や金融市場のような狭い枠組で、金銭的に判断できるようなものでは到底なく、人間や世界の本質に対する広い視野と深い洞察を要し、常に真理を探求しながら判断していくべきことだということです。それで必ずしも正しい判断ができるとは限りませんが、常に私たち一人ひとりが、自分たちはどうあるべきか、どう生きるべきか、いかに次の世代に今を繋いで行くかということを考え、その思想と哲学を政治に反映していく。そういう国家経営をすれば、日本という国が、自分たちのみならず、世界の行く末に好影響を与えられるのではないかと私は考えています。ですから、本質からあまりに外れてしまった現代のお金の論理で物事を考えることだけは、決してしてはいけないのです。

6. 税制に思想の筋を通す

税制は国の形を作ります。何にどれだけ課税するか、それがお金の流れ、すなわち人々の行動に影響を与え、その結果が国の姿を形作るからです。ですから、そこに一貫した思想があることはとても重要です。それがないまま、ただ単に足りる足りないで継ぎ接ぎ税制を繰り返しては、どんな社会にしたいのかがわからず、わからない限り永遠に手には入りません。そこに暮らす多くの個人、特に自らの思想と哲学に従って生きるような人たちにとって、これは非常にストレスの溜まる状況です。思想が違うだけなら、まだ議論でも運動でもして仲間を増やせば変えられる可能性がありますが、その思想すら明らかでない社会が相手では、頭も背骨もない軟体の怪物と戦うようなものです。

しかし、今まで固定観念化していた財源論が過去のものとなり、足りないから課税するのではなく、課税すべきものに課税する税制に変われば、そこに「なぜなら」という思想の筋を通すことができます。反対に課税すべきではないものには課税しないという筋も通すことができます。例えば、消費税のような、人々の活動を阻害するような税制は直ちに撤廃すべきです。なぜなら、人がこの世に生まれて成す全てのことはこの世に対する付加価値であり、その付加価値に課税すれば、その存在意義に負の圧力をかけるようなものだからです。それで人々の活動が抑制され、たくさんの人の時間が無為に過ぎてしまえば、国家としてこれほど大きな損失はありません。

財源論が消滅すれば、税金をかける理由は基本的に二つだけです。一つは富の再分配。これをどこまでやるかはそれこそ思想の範疇ですが、とても不公正になってしまった今の仕組みの影響が色濃く残る限り、当面はそれを是正する作用が税制に求められます。それからもう一つは懲罰的な課税。これは例えばタバコ税や酒税など、ある程度抑制した方が公益に資する場合や、相続税のように格差が世代を越えることを防止するもの。これらがどのぐらいの率であるべきかは改めて議論するとして、そこには思想や哲学が反映され、それによって社会の骨格が決まります。後は我々がきちんと思想の議論をし、それを体現する代表者を選ぶだけです。そうすれば、その思想が税制に反映され、我々が望む社会に一歩近づくというわけです。その議論の参考にしていただくためにも、より具体的な税制改正案について、その背景にある考えと共に次章で説明していきます。

第七章

日本から世界を変えよう

何のための日本経営か？

さて、いよいよここから、日本をどう変えるべきか、その大きな方向性をいくつかの具体策と共に示して行きます。まずはその位置づけについてですが、私は日本を変えることは、必ずしも日本人のためだけではないと考えています。今起きつつある地球規模のパラダイムシフトの中で、日本人がやるべきこと、日本人だからこそできること、という観点でこれを考えています。

もちろん、日本経営ですから日本人のために、皆さんの幸せのためであることが第一なのはわかります。しかし、人は本質的に、単に自分だけのことではなく、他者との関係性の中で幸せを感じるものだと思うのです。誰かのためになったとか、誰かを幸せにしたとか、誰かに感謝されたとか。それは通常、家族や友人たちのような、身近な関係性の中で感じるようなことかもしれませんが、もし皆さんが属する組織や国家が、世界中の多くの人々や未来の子どもたちを幸せにするような集団だったらどうでしょう？ 日々の生活や仕事、成す事の一つ一つが大きな意味を持つように思えないでしょうか？ もし日本という国が、その方向性を明確に志向していて、皆さんの普段の仕事や生活がそれに貢献しているとしたら？ 私は、日本の方々が本当に求めている幸せとは、そんな大きな目的に貢献することであり、その方向に舵を切ることが、これからのあるべき日本経営だと考えています。

今、世界は大きく変わり始めています。今までの物質的な価値観が限界を迎え、大きなパラダイムシフトが起き始めているのです。二〇世紀までは、拡大生産、拡大消費の時代でした。二度の大戦を経て、我々は基本的にモノが不足した時代を生きていたからです。資本主義の一時的な勝利もその脈絡の中にあり、今の金融システムは言わばその残骸です。借金でお金を発行するシステムは、拡大生産を担保するための仕組みだったのです。しかし、それが行き詰まりを見せたのも当然です。お金と借金は無限に増え続けますが、拡大生産と拡大消費は永遠には続かないからです。当然、それを前提にした金融システムには無理が生じます。その無理が人や自然に負担を押し付け、その矛盾が世界を著しく歪めている。今や世界中の人たちが、根本的な変革を求めています。

その中で、日本が進むべき道とは、このパラダイムシフトの最先端を行くことです。日本だからこそできることがあります。まずはすでに説明した通り、世界一のお金持ち国だからこそ、政府通貨を発行することができるのです。そして、それだけの生産性があれば、地球の今と未来に貢献する素晴らしい何かを作り出すことができる。そして、もう一つは価値観です。我々の思想に息づく共生の価値観が、私利私欲を最大化する今の金融資本主義に対する解毒剤になります。それに基づく税制や法整備を作り、その価値観を具現化した社会を作れば、それが世界の範となります。つまり、我々がこれからやろうとすることは、地球経営の雛形を作る作業なのです。

所有と支配の金融資本主義

資本主義とは本来、効率化と生産性増大のための思想でした。すなわち、資本を集約し、少ない労力でたくさんのモノが作られれば、それが多くの人たちに行き渡り、労働時間も減り、人々が幸せになるという考え方だったわけです。この場合、集約すべき資本とは、土地や資源、労働力などの実体リソースのことです。それがモノやサービスを作る元なのですから、これは当たり前の話です。ところが、我々はいつの間にか「資本＝お金」だと思い込むようになりました。それは恐らく、あらゆるものを市場化して、お金で買えるようにしたせいでしょう。お金で全てが買えるなら、お金で持っておく方が何かと好都合です。世界中の中央銀行がインフレを防止し、お金の価値が下がらないように尽力してくれますし、世界中の金融市場を瞬時に移動させ、マネーゲームで増やすこともできます。

しかし、問題はそこです。お金は単なる数字で、借金と表裏一体で無限に増やすことができますが、実体リソースはそうはいきません。地球は一つしかなく、土地も資源も人間も有限だからです。この矛盾を放置すると、やがて「無限に増えるお金による有限な実体リソースの奪い合い」が起きます。なぜなら、お金だけ増えても意味がなく、それを意味ある実体に換えようとするのは道理だからです。

今や世界には、世界GDPを遥かに超える額の金融資産があります。世界銀行によると2016年の世界ＧＤＰは約76兆ドル。▼これに対し、クレディ・スイス銀行のグローバル・ウェルス・レポートによると、個人金融資産だけでも２８０兆ドル▼に達し、それだけで実体経済の4倍近くに達します。そしてこれには法人やデリバティブ（金融工学商品）の金融資産は含みません。ちなみにデリバティブ取引の未決済の額面総額は、ＢＩＳ▼の２０１７年のレポートによると約５４２兆ドルもあります。もちろん、それはあくまでも額面総額で、現在の市場評価額（資産額）は同レポートにもある通り約13兆ドルですが、デリバティブは市場が大きく動けば急激に価値やリスクが増大しますので、その評価も便宜的なものでしかありません。いずれにしても、これが意味することは、いかにも胡散臭い方法で、お金（数字）だけを金融市場で膨らませ、実体の裏付けのない膨大な資産が世界中の帳簿に書き込まれているということです。そしてそれは数字という概念でしかないのに、いかにもあるかのような幻想で人々を欺いている。そのことは恐らく、やっている本人たちが一番よくわかっていて、だからこそ彼らは、実体リソースを買うのです。土地や資源の権利、知的所有権、それらを持つ会社の

▼約76兆ドル　$75,847,769.42 million。世界銀行、２０１６データ。出典：https://data.worldbank.org/indicator/NY.GDP.MKTP.CD
▼２８０兆ドル　クレディ・スイス、グローバル・ウェルス・レポート ２０１７。出典：https://www.credit-suisse.com/corporate/en/articles/news-and-expertise/global-wealth-report-2017-201711.html
▼ＢＩＳの２０１７年のレポート　OTC derivatives $542 trillion。出典：https://www.bis.org/publ/otc_hy1711.pdf

株式、民営化された他国のインフラ、CO_2排出権など。それらを膨大に膨れたお金を背景に買うわけですから、大抵の人は太刀打ちできません。政府ですら借金漬けにされた挙げ句、国民の血税で築き上げたインフラや国債までも売り渡さざるを得なくなります。

要するにこれは「所有と支配、そして搾取の構造」なのです。資本主義という、所有者が全ての権利を持つ仕組みにおいて、今の金融システムを使って膨大なバブルマネーを作りだし、実体リソースを買い上げる。そうすれば、それらを使って生きる全ての人たちを支配し、搾取し続けることができます。本来であれば、実体経済の4倍のお金など無意味です。4分の3は、それで交換する実体価値そのものがない数字に過ぎないわけですから。しかしそれが発覚すると、お金の価値が4分の1になってしまうので、そうなる前に、それを着々と実物資産に換えていく。これまでもそうでしたし、今も同じことが起きています。例えば種子法の廃止や水道民営化など、正にこの脈絡で理解できます。もちろん、これは日本だけの話ではありません。世界中が莫大な金融資本に所有され、支配され、搾取されています。そして恐ろしいことに、これには際限がありません。概念でしかない数字は、プラスもマイナスも無限に、しかも複利で加速して大きくなり続けるからです。でなければ、世界で最も裕福な8人が、世界で最も貧しい36億人と同等の資産を持つなどということが起こるでしょうか?数字で考えると単なるゼロの数の差かもしれませんが、たった8人と地球の半分の人口が同じ広さの土地に住むことを想像すれば、その異常さがよくわかります。この仕組みにはもはや何の正当性もありません。かつては、それが拡大生産を生み、多くの人の幸せに寄与していたかもしれませんが、そんな時代は少なくとも日本ではとっくに終わっています。ですから、日本がこれからやるべき国家経営とは、ここ数十年の金融資本主義的な流れに世界に先駆けて異を唱え、それを押し戻す戦いになります。我々は社会の設計思想から根本的に練り直し、それを具現化して世界に範を示す責任があるのです。

マインドセットを変える

20世紀が拡大生産、拡大消費の時代なら、21世紀は自由、自立、共存共栄、そして持続可能な社会の時代になります。人のあり方、生き方そのものが変わるのです（その結果、社会と国家のあり方も）。従来は拡大生産のため、資本を集約し、その所有者が決定権を持ち、その他の大勢の人は従順で勤勉な労働者であれば良かったのです。ですから、そのための教育を施されてきました。日本の教育においては、教えられたことをそのまま学び、それをきちんとこなせる人が高い評価を受けます。そして、そういう人たちが各組織の中枢に地歩を固め、思考停止したまま前例に従って同じことをやり続けてきた。この30年の根本的な国家経営の間違いは、そんなところにも原因があるのではないかと思いま

▼世界で最も裕福な8人が、世界で最も貧しい36億人と同等の資産を持つ　国際ＮＧＯ「オックスファム」による２０１７年１月15日発表の報告書“*An Economy for the 99%*（99％のための経済）”より。

す。その結果、確かに驚異的なスピードで戦後復興を成し遂げました。しかし、その後に方向性を失ったのはなぜでしょう？　私は、状況が変わった時にゼロから物を考える教育を行ってこなかったのが最大の原因だと考えています。そんなリーダーが現れなかったのも確かですが、政治リーダーも結局は我々の写し鏡ですから。

新しい時代は、人間の作り方から根本的に変える必要があります。まずは教えられたことも含め、「全てを疑うマインド」を持つこと。教師や教科書、世の中の常識など、全てに間違いがある可能性を常に念頭に置き、ゼロから本質に基づいて考えられる人間をたくさん育てること。そんなことをしたら統制が取れない、混乱すると思うかもしれませんが、それで良いのです。新しい時代は統制や秩序とは無縁の時代になります。今までのそういう考え方が、支配と隷属の温床となりました。新しい時代は個人の自由と自立、そして共存の時代です。みんなが自由で違って良いという、他者を尊重する時代であり、その自立心と尊重の心は幼少の頃から育てるものです。それにはまず、我々大人が変わる必要があります。皆さんもそろそろ、今の社会が窮屈だと感じているのではありませんか？

どうも最近、ネットなどでの無用なバッシングが平気で行われる傾向にあるようですが、私は何人も他人に対して、こうあるべきだとか、それではダメだとか、自分の価値観を押し付けるものではないと思います。どんなに常識的におかしいと思っても、それはそれ。その人が自分で責任を取れば良いことで、他人がとやかく言うことではありません。

そうやって他人の考え方や生き方を尊重し、それぞれが自分の心で感じ、自分の頭で考え、行動して良いのだという認識が広がれば、それぞれの本分が見えてきます。必ずというわけではないかもしれませんが、大抵その答えは本人しか持っていないものです。そしてそれはもしかしたら、誰も想像できないようなユニークなものかもしれません。考えてもみてください。この世に無数の人たちが生まれて来るのに、その人たちの本分が、今あるほんの限られた職業の数に大別されるというのは極めて不自然ではないでしょうか？　それはむしろ、自然界の法則というよりも、今の資本主義のご都合に過ぎません。新しい時代は、そんな資本主義のご都合を粉砕するでしょう。なぜなら、資本主義自身が進めてきた効率化によって、大量にモノを作るのにそれほどの労働力がいらなくなれば、人間の仕事はもっと多様化し、創造性を要求されるだろうからです。その中で、今までの常識や前例に縛られず、自由に発想して行動して良いというマインドセット、個人の判断を尊重する環境設定はとても重要です。世界的にもこのような変化が起きる中で、それは特に日本人が弱い部分でもあるので、新しい時代を開くためには、積極的に変えていく必要があるでしょう。

仕事の概念を変える

私が「マインドセットを変える必要がある」と言う理由は、世の中に必要なものを作り、それを提供するのが仕事である時代が間もなく終わるからです。そういう意味での仕事は、これからどんどん減るでしょう。資本主義による効率化が進めば、より少ない労力で大量のモノを作れるようになり、人工知能などの技術進化がさらにそれを加速させます。仮に、究極的に全てのモノの生産が自動化したとして、その時に人は何をしているでしょう？ 仕事を失って、生きるのにも困るのでしょうか？ それとも別の種類の仕事があるのでしょうか？ その時、仕事の概念はどうなっているでしょうか？

今の資本主義の論理がまかり通れば、余剰人員は整理され、仕事にありつけない人は社会保障に回されることでしょう。しかし、それは本質的に間違っています。それでは効率化の果実を資本家ばかりが持っていくことになるからです。本来、効率化は資本家のためではなく、皆さんのためです。少ない時間や労力で大量に作れるようになるなら、その分皆さんが少なく働けば良いのです。しかし、実際はどうでしょう？ ここ数十年、我々の労働時間は減ったでしょうか？ いいえ、むしろ増えているかもしれません。つまり、効率化の果実は公正に分配されておらず、一部の資本家たちが独占し続けてきたということです。しかし、もはや限界です。飽くなきコストカットで労働者（＝消費者）の購買力を奪う一方、拡大生産、拡大消費を続けることは矛盾するからです。そういう意味で、資本主義は自らの尻尾を食う怪物のようなものです。早晩、胴体まで食い尽くして自滅するでしょう。正に今、我々はその瀬戸際にいます。

新しい時代は、この矛盾した考えを捨てることから始まります。まずはすでに説明した通り、拡大生産強制装置のエンジンとなっている金融システムを変え、誰の借金でもない政府通貨を発行します。そして、資本家が独占し続けてきた効率化の果実をみんなのものとすること。これは今後なされる効率化のみならず、今までの効率化の果実、つまり、資本家がすでに貯めこんだ富も吐き出させ、それを皆さんに配ることを意図しています。そのやり方は後で説明しますが、正にモモが時間泥棒たちに奪われていた時間を解放したように、皆さんにそれを取り戻すのです。

その結果、皆さんが時間とお金の余裕を手にすれば、それが世の中の価値を多様化します。今までは、大量生産、大量消費できる汎用品しか生き残れないような状況でした。それで利益を上げ、勝ち抜いてきた巨大企業が市場を寡占化し、小さな価値を生む中小企業や個人を淘汰してきたからです。しかし、人々が時間とお金の余裕を手にすれば、より自分に合った製品やサービスを多少高くても選ぶことができます。単なる品質や価格だけではなく、企業理念、社会や環境に対する貢献などの観点から選ぶ人も増えるでしょう。つまり、価値判断基準が多様化するのです。そうすれば多様な価値が生まれ、生き残る余地も増えてきます。大量に売れないような小さな価値やユニークな価値にもお金が払われるようになれば、それらを作り出そうとする人も増えます。時間的余裕があればなおさらです。そしてその時には、文化、芸術、学問、教育、スポーツなど、より人間的、創造的でパーソナルな価値の提供が新たなトレンドとなるでしょう。例えば、小規模な音楽ライブやアートの販売、様々な分野の教育、学識発表、セミプロスポーツ大会など、今まで大きなお金にならないと成立しなかったものが、小さなお金でも成立するようになる。これによって個人の生き方の幅も広がります。今までは稼ぐことで精一杯だったものが、効率化の恩恵を皆が受け、少なく働いて十分暮らせるようになれば、余剰時間は好きなことに費やせます。そしてそれこそが本当の意味での、新しい時代の働き方改革なのです。その時に大事なのが、一人ひとりが自分の心に従うこと。自分が幸せを感じること、やりたいことを知り、それを実践できる余裕を持つこと。だからマインドセットを変え、仕事の固定観念をひっくり返す必要があるのです。新しい時代の仕事、それはお金を稼ぐことではなく、自分が好きなこと、やりたいことをやり、それを誰かが喜んでくれること、評価してくれることが中心となり、価値の基準は物質的な豊かさから精神的な豊かさへシフトするでしょう。考えてみればそれも当然です。有限な地球で物質的な豊かさを求め、しかも生産性が増大し続ければ、いずれ飽和するのは自明なのですから。

お金を配ってインフレを起こす

いよいよここから、より具体的な政策を提示して行きます。まず前節で、私は今まで資本家が貯め込んできた効率化の果実も吐き出させると述べました。それには基本的に二つの方法があります。一つは何らかの方法で、今ある資産に課税する方法。しかし、これには問題があります。資産は隠すことができますし、動かないお金に課税するのは難しいのです。基本的に今の税制体系では、収入が発生したり、お金が使われたり、譲渡されたり、要するに動いた時に課税するものであり、動かないお金には課税できないからです。その意味では法人の内部留保などにも手はつけられません。ですから、私は別の方法、すなわち貯め込んだお金を薄めるのが良いと思っています。薄めるとは、その価値を落とすことです。具体的には、政府通貨でお金を作り、それを皆さんに配ってインフレを起こすのです。そうすれば、貯まって動かないお金もその価値を落とし、今まで搾取され続けてきた人との力関係を是正することができます。また、日本円を持っている限り、隠すことも逃れることもできません。

ちなみにインフレと言えば、今の異次元の金融緩和もそれを起こそうとしていますが、そもそもの目的が違います。現政権がやろうとしているのは単なるデフレ対策、すなわちお金が回らなくて経済成長がないのを何とかしようという、あくまでも思考停止したまま「夢よもう一度」を狙っているに過ぎません。デフレが長期化しているのは、格差拡大的な今の金融資本主義の中で、一部の人たちだけがそのお金を手にし、本当に必要なところに回っていないからです。同じ仕組みのまま、ただ借金でお金を増やしても、それはやはりお金を借りられる人たちの手からお金が回り、必要な人たちのところまで回りません。ですから、政府通貨でお金を作り、直接それを届けるのです。そうすれば初めてインフレの芽が出て来るでしょう。ちなみにそのやり方ですが、すでに1人100万円の黒字還付金については説明した通りですが、もう一つベーシックインカムというやり方もあるので、それについては後述します。

実質金利をゼロまたはマイナスにする

もし我々が首尾よくインフレを起こしたとして、その時に気をつけなければいけないのは金利です。今までの考え方によると、金利をインフレ率より高く誘導し、お金の価値が下がらないようにするのが常道でした。仮にインフレ率が年5％だとすると、100円だった物の値段が1年後には105円になりますから、同じ物が100円で買えなくなってしまいます。これを防ぐために、金利を5％に誘導すれば、お金も利息で105円に増え、1年後も同じ物が買えることになり、お金の価値は落ちません。ですから、「国民の財産を守る」という名目で、これまで日銀は金利をインフレ率以上に設定し、お金の価値が決して減らないようにして来たのです。

しかし、ここで考えてみてください。これはお金を持っている人たちが、それを絶対に減らさないようにする仕組みです。それが国民の財産を守ることと考えてのことだと思いますが、国民の財産とは何でしょう？ お金でしょうか？ それは誰でも生まれた時に平等に持てるものでしょうか？ 確かに苦労して稼いだお金の価値が減らないようにすることも大事かもしれません。しかし、それはみんなにそのお金を稼ぐチャンスがある場合の話です。今はどうでしょう？ すでに膨大なお金と借金（民間、政府に関わらず、経済成長の宴の後には必ず残る）が存在し、そのお金部分は先に生まれた人たちが持ち、後から何も持たずに生まれてくる子どもたちはマイナス（後払いの税金）からスタートします。チャンスは限りなく低い。さらにその中で金利がインフレ率より高ければ、確実に先に生まれた人たちのお金は増え、後から生まれた子どもたちのマイナスの重みは増します。これが国民の財産を守ることだとは、とんでもない欺瞞です。単に既得権益を守っているに過ぎません。

私たちが本当に守らなければいけない国民の財産とは、「一人ひとりの時間」です。それぞれの長さは違いますが、それだけが自然界のルールの中で公平に持って生まれて来るものだからです。従来、お金を財産と考えて来たのも、それがその人の時間と引き換えに得たものだからです。しかし間違えているのは、それを減らしてはならないとする考え方です。なぜなら時間は決して止めてはおけず、それが減らないように貯めることも、まして増やすことなどできないからです。それを無理矢理やろうとすれば、誰かの時間を奪うことになります。所詮増えるはずのないものを擬似的に増やす方法とは、人から奪う以外ないからです。それが当たり前になっている今の状況は、正にミヒャエル・エンデが描いた通りの世界が現実に広がっているということです。

この歪んだ世界を元に戻すには、実質金利をゼロ以下にすることです。実質金利とは「**名目金利－インフレ率**」のことです。もしインフレ率5％、金利5％なら実質金利ゼロ。100円のモノは1年後には105円になりますが、お金も105円に増えるので購買力は変わりません。インフレ率5％で金利0％なら実質金利はマイナス5％でお金の価値が減り、インフレ率5％で金利が10％なら実質金利はプラス5％でお金の価値が増えることになります。今までは常に**金利＞インフレ率**とすることにより、お金の価値を守り続けてきました。デフレの場合も市中金利はゼロより下げられませんから、実質金利はプラスのまま。つまりこの数十年、常に既得権者優遇、後から生まれて来た人たちを搾取し続けてきたことになります。ですから、その歪みを修正するには、当面は実質金利をマイナスにする必要があるのです。しかし、それは簡単なことではなく、高い金利を課す金融機関や貸金業者を規制する必要があり、一筋縄では行かないでしょう。しかし、本気でやれば手はあります。そして最終的には「実質金利ゼロ」がフェアな落とし所でしょう。なぜなら、それであれば既得権者にも後から生まれてくる人にも時間の働きが中立だからです。または若干マイナスでも良いかも知れません。お金が他の実体価値と同じように減価するべきと考えれば、その方が自然です。いずれにしても、日銀はもはやお金の価値を守るのではなく、本当の意味での国民の財産、つまり一人ひとりの時間を守るために働くべきなのです。そして本来は、デフレ脱却の目的もそこにあるべきです。デフレの本質的な問題は前章でも説明したように、それが膨大な人の時間を無駄にしてしまうことです。後から行動したほうが安いとなれば、今行動する動機が薄れ、人々の活動は停滞する一方、人生の時間はどんどん過ぎてしまうからです。ですから、国民全員の時間を守るためにも、国家はデフレだけは起こしてはならないのです。むしろインフレ率をプラスにし、金利がそれを上回らないように誘導し、実質金利ゼロまたは若干マイナスにする。それが自然の摂理に則ったお金のあり方です。

お金の逃げ道を塞ぐ

政府通貨を発行してインフレを起こし、しかも一時的にも実質金利をマイナスにすれば、お金を持っている人たちは当然その価値を守ろうとするでしょう。せっかく稼いで貯めたお金の価値が目減りしては、自分たちがそこに投じた時間と労力が消えることになるからです。ただ、その気持はわかるとしても、考えを改めていただく必要があります。なぜなら本来、この世の全てのものは時間と共に減価するのが自然であり、お金という概念を勝手に作り、それだけ減らない、または増えるとする決め事には無理があり、その無理を通せば、他の人の時間を奪うことになるからです。ただ、それを理解して頂いたとしても、それでも何とか自分の富だけは減らしたくない人もいるでしょうから、逃げ道を塞いでおきましょう。

まず、最も考えられそうな逃げ道は、資産投資に走ることです。インフレでお金の価値が減るなら、インフレで値が上がりそうな実物を買ってリスクヘッジ（回避）するのです。主に土地や株式がその

▼ゼロより下げられません　マイナス金利はあくまでも、日銀が民間銀行より預かった当座預金に課す金利であって、市中の金利がマイナスになることはまずありません。なぜなら、マイナス金利で貸すぐらいなら現金で持っていた方が良いわけで、今の状況では誰もそれでは貸さないからです。

対象となるでしょう。ですから、その逃げ道を塞いでおかなければなりません。そこでバブルが起きれば百害あって一利なしだからです（土地問題に関する処方箋は次章で説明します）。

そもそも本来、インフレが起きようが起きまいが関係なく、投機でお金を儲けるという考え自体が社会には不要なものです。長期的な投資ならともかく、特に短期的な投機はギャンブルと本質的に変わりません。短期的な株取引、ＦＸ、仮想通貨取引など、誰がいくら儲けようが、実体経済や社会に何のプラスもありません。いくらで買おうが売ろうが、その相対《あいたい》には必ず同じ値段の売り手と買い手がいて、どこまで行ってもこれはゼロサムゲームです。ですからまず、キャピタルゲイン（資産売買益）、特に短期保有の売買益に対する課税を強化します。例えば1年未満の保有期間の場合は１００％に近い税金をかけ、1～3年で70～50％ぐらい、そこからさらに段階的に下げていく税制です。

それでは株価が下がると言う人がいるかもしれませんが、全く構いません。むしろ今のように、分離課税の税率がたった20％なのに対して、所得税の最高税率は45％、住民税も合わせると55％になるような、あたかも額に汗して働くよりも、株やＦＸ、仮想通貨などの投機で儲けた方が有利な状況の方が問題です。それで株価だけ上がったところで、投機ばかりする人が増えれば、その株価を維持できないのは自明だからです。富は、実際にそれを作り出す人がいて初めて生まれます。お金を出すだけ、動かすだけの人は何も生み出さないのです。ですから、キャピタルゲインに思い切って課税し、最高税率を下げ、自ら価値を作り出す方が有利な税制にすることは、正気な社会なら当たり前の話です。むしろその方が健全な株価対策であることは明らかです。

もう一つ考えられる逃げ道は、海外への逃避です。しかし、これは実際に円が海外に流出するわけではなく、円資産を売って、海外資産を買う日本人が増えるという意味で、その本質は所有権の移転です。なぜなら、売られた円や円資産は必ず誰かが買い、それは国内に留まるからです。それを他の日本人が買っている限りは国内の移転に過ぎませんが、問題はそれを外国人が買った場合です。あまりに多くを外国人が買い漁れば、いつの間にか合法的に日本の支配権を売り渡すことになります。これはやはり、国防上の問題があります。それを避けるためにも、政府が様々な規制をかける必要があります。実需以外の為替取引の規制、株式の外国人持株比率に関する規制など。今までの自由化の流れと逆行しますが、逆行させせなければならない時代が来たのです。今まであまりにお金の自由に任せ過ぎ、巨大資本が全てを支配する無法の荒野が世界に広がってしまっています。人々の声に基づいてそれに唯一対抗し得るのが政府であり、今はその責任を果たす時です。日本が世界に先駆けてそれをやれば、それに倣う国も出てくるでしょう。そうすれば、世界規模でお金の支配からの脱却が早まります。その他にも、状況に応じて日銀の国債の買い入れ、為替介入、土地の公有化（次章で説明します）なども必要な政策になるでしょう。それはお金の逃げ道を塞ぎ、政府通貨の副作用を避ける効果もありますが、もっと大きな意味で言えば、この数十年にすっかり世界を侵食したお金の力を押し返す戦いの、日本からの宣戦布告でもあるのです。

年金の運用について

前節で株価の話をしましたが、あろうことか今や、年金の運用すら一部株式投資で行っています。何と愚かなことでしょう。年金は決して株式で運用などしてはいけないのです。なぜなら、それはリスクが高いからではなく、仮にそれで増えても、決して国民全体の利益にはならないからです。

すでに説明した通り、国家全体で見れば、株式市場も基本的にゼロサムゲームです。いくら年金運用基金が安値で買い、それを高値で売って儲けても、その裏には必ず同じ株価で売買している相対《あいたい》がいますし、その売買から何かが生まれることはありません。単にお金が右から左に動くだけです。つまり、それは国内で所得を移転しているだけで、国家的視点で見れば何も起きていないのと同じなのです。ですから、仮に年金運用基金が儲けても、その分の損を国民の誰かが負っていれば、決して喜ばしいことではないのです。損をするのが外国人投資家なら国富は増えることになりますが、そうそう上手く行くとは限りません。むしろ逆の場合が多いでしょう。となれば、もう最悪です。年金の株式運用によって国富は減り、上手く儲かっても国民の誰かから奪うだけ。リスクが高いだけではなく、そのリスクを負う意味もないような運用を、なぜ年金で行わなければならないのでしょう？

そもそも年金の株式運用を始めた理由は、経済成長が止まり、金利がほとんどゼロだからです。要するに安心安全に増やす術がないため、多少リスクを取っても株式で運用するしかなくなった。しかし、それでは国民全体の資産を預かる機関としては余りに近視眼的です。あくまでも運用は金利並みと割り切るべきなのです。なぜなら、年金運用は国民全体の福祉に資するべきもので、それだけが好成績を上げるべきものではないからです。その点、金利なら他から突出しません。金利本来の考え方によれば、それは経済成長率と連動しますから、実体価値もその分増えていることになります。ですから、運用益に匹敵する実体価値の裏付けが生まれているという意味でも、国民全体が与る経済成長の恩恵と同等という意味でも、あくまでも年金の運用は金利並み、もし金利ゼロなら運用益もゼロで仕方がないと割り切るべきなのです。

しかしそれでは年金が払えないと言うかもしれませんが、それはもう仕方ありません。そもそも、集めたお金を運用して増やし、それで払っていくという年金設計そのものがもう無理だということです。年金だけではありません。銀行、生命保険、損害保険など、全て集めたお金を増やし続けなければ立ち行かない仕組みですが、お金を増やす、お金が増えるという概念そのものが時代遅れであり、その概念と共に、仕組みも捨て去るべきなのです。その上で、それぞれの本来の目的に合わせた新しいシステムを設計、構築すべき時期に来ています。

社会保障を根本から考え直す

これは年金だけではなく、健康保険、生活保護などの社会保障全般に言えることですが、その本質は憲法25条に謳う「健康で文化的な最低限度の生活を営む権利」を保障するため、それに必要な実体価値を、誰がどんな状況になっても得られるということであって、お金が足りるとか足りないとか、集めたお金よりも多く配れるかどうかではありません。しかし、かなり長い間、今までの仕組みの中で、お金を集め、それを配ったり、それを原資に社会保障を提供して来たために、お金ばかりで考えるようになり、本質を忘れてしまっているのです。

ここでちょっと考えてみてください。お金を集めると言いますが、それは実際何かを集めているのでしょうか？　もちろんお金だ、と言うかもしれませんが、お金はそもそも存在しないものです。無からプラス（お金）とマイナス（借金）を同時に生み出すことによって概念上存在させているに過ぎません。概念ですから、集めなくてもいくらでも作り出せますし、集めてもそれで借金を返せば無に帰します。それはこの30年以上、日本の政府が借金でお金を作り出して使ってきたことでわかりますし、税金を集めてその借金を返せば、皆さんのお金はほとんど消えるということからもわかります（いずれも第三章参照）。つまり、お金を集めても無意味ですし、集めなくてもいくらでも作って使うことができるということです。

ではなぜそんな無意味なことを続けてきたかというと、かつてはそれが成功していたからです。お金を集めることの本質は、実は決定権の集中です。皆さんが銀行や年金運用基金、保険会社にお金を払うということは、それらの機関にお金を貸すことと同義ですから、集めれば集めるほど（貸せば貸すほど）彼らはそれを活用し、増やして返すための意思決定を迫られます。これは税金も同じです。そもそも全てのお金が借金の裏返しとして発行される現代において、そのプラス部分（お金）をどこかに集めるということは、どこかに必ず存在する、それとほぼ同額のマイナス部分（借金）を返すための意思決定権を集めるということです。高度経済成長期には、それを一握りの政治家、官僚、大資本家に委ねるのが効率的だったのです。なぜなら、国家が未成熟な時は、インフラ整備や大きなプロジェクトが民間の生産性を劇的に上げたため、大規模投資の対費用効果が高かったからです。

しかし、国家が成熟し、集中投資しても生産性がさほど上がらず、そもそも拡大生産そのものが時代遅れになれば、単純に大きなお金を集め、意思決定権を一部に集中すれば良いという話ではなくなります。お金そのものも膨大に増え続け、その裏側に存在する借金も増え続ければ、もはや返す手立てなど誰も持たないのです。一時、カネ余りという言葉が盛んに言われましたが、そう考えると合点がいきます。誰もその裏側にある膨大な借金を返すための意思決定ができない。つまり、その責任の押し付け先がないということなのです。

その中で、形骸化して残った年金システム、そして銀行システムや保険業界も同じですが、これらを無理矢理続けるとどうなるか？　一つにはまず、「お金を預けること＝お金を貸すこと」ですから、返せない相手に貸し込むことと同じになります。そして、すでに政府の財政がそうなっているように、借金と資産が無意味に膨れ続ける。言い換えればそれは、意思決定の責任が膨れ上がることを意味しますが、誰もそれを果たせず、呆然と立ち尽くすだけです。もはやこのやり方は全く機能しません。それから、もう一つ重要なことがあります。それは、これが膨大な人の時間を無駄にし、返って逆効果だということです。

例えば、今の年間社会保障費は約１２０兆円（平成29年度予算）で、これを保険料68兆円、税金46兆円、および積立金の運用収入等で賄っています。保険料、税金合わせて約１１４兆円も集めているわけですが、１人あたりに換算すると年間約90万円。それだけの金額分、国民全員が活動を制約し、時間を捨てています。そのお金を払わなければ、特に現役世代など、もっと様々な活動ができたはずのものが、それが抑制され、だから実体価値も売れない。よって、お金を集めても投資先がない。意思決定の責任を押し付けられて立ち尽くすだけ。結局、社会保障の本質である実体価値が十分作られなくなり、だから十分配れない。もはや発想が逆なのです。お金（決定権）は集めるのではなく、むしろ分散させた方が良い。その方が富（＝実体価値）を増やすチャンスが増える。ですから社会保障も、集めたお金を運用してその中から配るという発想を捨て、健康で文化的な最低限度の生活を営むための実体価値をいかに保障するか、という本質に立ち返るべきです。それは後述する土地の公有化に基づく住宅の現物支給なども含めて考えるべきで、お金を配るのであれば政府通貨で作って配る。

逆に社会保障費を集めるのであれば、税制の富の再分配機能の一部として徴収するなどの根本的な発想の転換が必要です。

国家経営とベーシックインカム

ではどうすれば良いかという具体案を書きます。まずは政府通貨でお金を作り、1人月5万円のベーシックインカムを配りましょう。ベーシックインカムについては最近世界的に議論が盛り上がっていますが、やってはいけないやり方があります。それは後で説明するとして、ここでは正しいやり方を述べます。すなわち、政府通貨で作ったお金で実施するのです。1人月5万円ですから、年間総額約77兆円を配ることになります。この段階ではまだ社会保障を置き換えるまでには至りませんが、それは後々様子を見ながら実現するとして、まずはそこに至るまでの基本的な考え方を説明します。

これには国家経営的視点が絶対に必要なのです

まず、国家経営とは何かですが、これはすでに説明した通り、

1. 国家として自立すること
2. 皆さんの時間と労力、そして資源を無駄なく最大活用すること

です。前者に重要なのは外貨の確保ですが、日本はそれをやり過ぎてしまい、世界最大の対外純資産を持ちながらそれを全て海外に貸したまま、日本人のためには使っていません。そして後者に関しても、余計な税金（消費税など）や保険料などでお金を集めることにより、膨大な人々の時間を捨ててしまっています。つまり、これらを同時に解決する意味で、政府通貨によるベーシックインカムは最適なのです。

政府通貨でベーシックインカムを配る時に最も注視しなければいけない指標は経常収支です。それが本当の意味での財源だからです。黒字還付金としてすぐに1人100万円を配る場合も、そして1人月5万円を配る場合も同じですが、これはお手伝い券なのです。すでに第六章の内需拡大の節で説明した通り、それによって輸入が増え、皆さんが少なく働く分、輸出が減り、経常赤字になる可能性があります。しかし、それが正しいのです。それが日本人のために黒字を使うことであり、黒字は使わなければ意味がないのです。ですから、まずは1人100万円、総額128兆円をカンフル剤として配る。そして、それでどれだけ黒字が減るか、2年ぐらい様子を見た後、今度は1人月5万円、年間総額77兆円を2年続け、その間の推移を見る。それで現在、年間10兆円近い経常黒字が逆に10兆円の赤字になったとしても、総額349兆円の対外純資産が全てなくなるまで35年の猶予があります。もちろんその間に、為替レートの変化や様々な投資環境の変化によって大きく変動する可能性はありますが、少なくともそれが国内だけで通用する通貨（＝お手伝い券）を政府が作って配れる根拠であり、本当の意味の財源ということです。ですから、世界でベーシックインカムの議論が盛り上がってはいますが、この正しいベーシックインカムを実施できる国は、経常黒字を継続的に稼ぐ力のある、ごく限られた国ということになります。だからこそ、世界一の経常黒字国の日本が、率先してそれをやる責任があるのです。

そして、経常黒字の減り具合を見ながら、最終的に例えば年間120兆円分の社会保障給付を、保険料をゼロにして全て政府通貨で賄うとか、または保険料と給付金額はそのままにし、別に年間120兆円をベーシックインカムとして配る（その場合は月8万円になる）という形で、実質的に社会保障を無料にすることも可能です。私はどちらかというと後者の方が良いと思っています。その理由は、前者の社会保険料無料化の恩恵が企業や高額所得者に多く及ぶのに対して、後者の形にすれば、恩恵は全て個人に、特に子育て世代には人数分の恩恵が行きますし、保険料を払い終えた受給者自身の手取り（年金＋ベーシックインカム8万円）も増えるからです。資産のあるご高齢者には不要な収入かもしれませんが、相続税を上げるなどの対策によって、不要な人には後で返して貰うことも可能ですし、資産のないご高齢者も激増しそうな状況や、企業の内部留保などの問題も考えると、後者の方が今はフェアであると考えます。いずれにしても細かいやり方は後でもっと詰める必要があるでしょうが、少なくとも皆さんにここで知っておいていただきたいのは、我々はすでにこの30年で、その方向へ進むための財源は稼いでいるということです。それは皆さんの生産性と勤勉性の賜物であり、後はそれをきちんと皆さんのために使える政府を作るだけなのです。

ベーシックインカムの正しい考え方

今、日本だけではなく、世界的にもベーシックインカムの議論が盛り上がっているのは、現在の金融資本主義による格差があまりにも酷くなっているからです。そして、既存の仕組みの中でいくら金融緩和をしようが、結局お金を借りられる人のところにしかお金は行かず、本当に必要な人のところまで届かない。であれば、直接配れば良い、という考えがその根底にあります。その考え方そのものは間違っていません。しかし、大きく間違える可能性があるのは、そのお金をどこから持ってくるか、という部分です。ここを間違えるとせっかくのベーシックインカムも台無しになります。

今の財政金融の仕組みのままベーシックインカムを実施するとすれば、やり方は以下の三つしかありません。

1. 政府が借金でお金を発行して配る
2. 他の支出を減らして財源を捻出して配る
3. 税収を増やして財源を捻出して配る

です。2と3は基本的にマネーストックを増やさず、マクロ的に見れば効果は相殺です。必要な人たちのところへ届かせるという意味で、一時的に消費が増え、助かる人たちもいるかもしれませんが、ある程度の時間が経てば、金融資本主義という搾取システムがそのお金を吸い上げ、いずれ元の木阿弥です。いや、むしろ、一時的に景気が回復することにより、銀行融資による借金マネーが増え、経済全体の利息負担が増し、その後に再度来る景気後退局面では、その負担がさらに状況を悪化させる公算が大きいです。ちょうどバブル崩壊以降の景気後退局面が悲惨だった90年台のように。そして残念ながら1も論外です。1はマネーストックを増やしますが、今まで通り政府の借金でお金を発行し、それは後払いの税金として後から生まれてくる子どもたちにツケを負わせます。いずれにしても同じことなのです。第四章の図9（86ページ）を思い出していただければわかる通り、今の金融システムはゼロサムゲームですから、そのプラス部分のお金を今生きている人たちに配れば、そのマイナス部分は今生きていない人たち、つまり未来の子どもたちに押し付けられることになります。ですから、**ベーシックインカムを実現するのであれば、政府通貨で誰の借金でもないお金を作り、それを配る形で実施しなければならない**ということです。そもそもの発想が格差是正なのであれば、将来の子どもたちに広がる格差も考慮しなければフェアではありません。

それに、私がベーシックインカムを主張するのは、単なる格差是正ではありません。もっと本質的な変革を意図したものです。それは、お金の民主化、決定権の民主化という意味でのベーシックインカムです。従来の仕組みは、お金の発行の瞬間から階層的です。借金でお金を発行しているため、お金を借りられる人が最初にそのお金を手にし、その使い途の決定権を握っているからです。そしてこの30年以上は、今度は政府が大量のお金を発行し、官僚がその使い方を決めてきました。いずれにしても一般の人々にお金が回るのはその後、要するにその人たちが決めたことに従って働いて初めてそのお金を手にすることができるわけです。しかし、すでに本章でも説明した通り、もはやその決定権の集中が機能していないのです。集められた彼らもどうしたら良いかわからず、方向性を失っています。ですから今こそ、人々の手にその決定権を移譲する。政府通貨を発行し、それを直接ベーシックインカムとして配れば、少なくともその分の使い途の決定を委ねることができます。最初は必要なモノを買うだけに止まるかもしれませんが、そのうちにそれで生まれた時間的、精神的余裕が、人々に様々な行動を起こさせ、その中から新しい価値や方向性が生まれてくる可能性があります。だから教育のあり方も根本的に変え、マインドセットから変える必要があると述べたのですが、もうその方向でしか新しい時代は開けないと私は考えています。お金と意思決定権の中央集権化から民主化への転換。それにより、トリクルダウンではなく、ボトムアップの経済、社会を作る。そのためのベーシックインカムという意味でも、政府通貨で作って配る以外の方法はないのです。

本当に自由闊達な社会を作る

さて、政府通貨でお金を作り、それを直接配れば、確かに人々は一定の時間的、物質的、精神的余裕を手にするでしょう。しかし、それで本当に十分かと言うと、私は程遠いと思っています。なぜなら、今の日本にはあまりにも多くの障害や制約があるからです。本当の意味で個人の自由を尊重し、各人に決定権を委ね、皆さんが余すことなくその自由を謳歌するには、それにふさわしい舞台が必要です。そのためには、無用な負担や制約、障害などを一つ一つ潰しておく必要があるのです。

すでに第六章で説明した通り、まずは消費税は直ちに撤廃する必要があります。それは人々の活動を制約し、時間を捨てさせる最悪の税制だからです。また、その負担に関しても、建前は購入者が払うことになっていますが、長期のデフレの結果、著しくお金の力が強まり、力の強い買い手がそれを弱者に押し付ける傾向にあり、財源論と共に葬り去るべきアンフェアな税金です。

もう一つやらなければいけない重要なことは、インフラの公営化です。これまであらゆることを民営化する方向で世の中が動いて来ました。それは政府の財政問題があって、それを切り離す必要があったからでしょう。しかし、そもそもインフラとは、国民の生活に必要なサービスを提供するためのものであって、短期的な採算だけで考えるものではありません。ましてや儲けるためのものではないのです。しかし、民営化によって株式会社になれば、利益を上げることが優先され、不採算事業は整理されます。密度が高く、採算性が高い都市部へのサービスは儲かるが、地方は儲からない。その論理で郵便事業や鉄道事業を行えば、地方のサービスは低下、または最悪切り捨てられかねません。電力事業も短期的に利益を上げやすい発電方法に傾くでしょう。しかし、そもそも利益を上げようとする考え方そのものがおかしいのです。利益を上げるということは、利用者から利益分余計に取ることになります。そして労働者を安く使うことになる。インフラ事業で利益を上げる必要などありません。それでは事業会社が潰れてしまうと言うかもしれませんが、であれば最初から民営化などしなければ良いのです。国営事業として、やるべきことをやれば良い。もちろん、国営事業だからと言って、一切採算度外視で、ただ値段を下げれば良いというわけではありません。大事なのは哲学と方向性です。どんな社会を指向するのか、国営のインフラ事業ならそれを明確にサービスに反映することができるはずです。

例えば郵便事業は再度国営化し、全国一律に信書を送れるインフラとして残すことを第一義とし、思い切って値上げをして総量を減らせば良いと思います。オンラインで何でも送れるこのご時世、どうせ衰退事業なのですから、民営化して取扱量（売上）を増やそうとするなど時間と労力と紙の無駄です。鉄道事業も再度国営化し、思い切った料金設定をすれば東京への一極集中を是正できるかもしれません。例えば、都心部の鉄道料金を思い切って値上げし、幹線や地方の鉄道料金を思い切って下げれば、都心から出ていく企業が増えるかもしれません。高速道路も大型車を思い切って値上げしつつ、普通車を無料にすれば、人の動きは活性化しつつ、遠距離の物流が減れば地域経済が活性化するかもしれません。電力事業も発電と送電を分離して、送電線を国営化し、どんな小さな発電事業者もそれを使えるようにすれば、自然エネルギーを使ったローカルな小規模発電事業者がたくさん生まれ、その中から次世代を担う発電方法が生まれるかもしれません。具体的にどうするかはもっと議論が必要としても、要するに、国民の生活を支えるインフラサービスは公的なものであり、それは採算や受益者負担だけで考えるべきものではなく、広く公共の福祉の概念や大きな時代性に照らして考えるべきものであり、そのあり方や方向性は一部の株主ではなく、皆さんが民主的に選んだ政府、ひいては皆さんが決めるべきものだということです。

最後に、もう一つ公営化しなければいけない重要なインフラとして、送金網について述べておきます。多くの皆さんが思っていることだと思いますが、お金を動かすたびに何百円も手数料を取られるのは全く馬鹿げた話です。その一部は印紙税として徴収されていますが、まずは印紙税撤廃は当たり前の話です。なぜ、領収書を書くのに税金が必要なのでしょう？ ブロックチェーンで個々の送金が詳細に記録できるようにになれば、そのうち領収書そのものが意味をなくす日も来るのでしょうが、その時でもなお送金手数料や印紙税などが形骸化して残っているようでは、せっかくの技術革新も意味をなしません。今からＡＴＭ網を公営化して送金手数料を無料にする一方、公営ブロックチェーンの開発を進めるべきだと思います。公営ブロックチェーンによる送金はもちろん全て無料とし、秘匿性を重視する人は民間ブロックチェーンを有料で利用すれば良いでしょう。民間の銀行は大きな収益源を失うことになりますが、それは仕方ありません。金融機関は社会の公器であって、儲けるための存在ではないのですから。

利益は誰のために、何のために必要か

ここまで考えると、インフラ事業者に限らず、そもそも利益とは何か、なぜ企業は利益を上げなければいけないかという本質的な疑問に辿り着きます。これは資本主義のあり方に関わる重要な問題です。今までは、企業が利益を上げ、それを再投資することによってさらなる拡大生産、拡大消費が可能になったため、社会的にも必要なこととされてきました。また、社会的に必要か否かは別にしても、個々の利益の追求を是とする価値観が優勢な時代だったから、それが当たり前だったという側面もあります。いずれにしてもしかし、無限の拡大生産、拡大消費が無理筋であり、実際に再投資もされなくなり、巨額の内部留保を貯めるようになったということ、そして、個々の利益の追求の暴走が様々な問題を引き起こしているという認識が広がれば、人々が自省と共に考えを変えるのは時間の問題なのではないでしょうか。ゼロサムの金融経済システムの下、利益の追求が他者を蹴落とすことと同義である殺伐とした時代を経て、人々が人間本来の善性を取り戻す時代が来る。大きな歴史の流れの中で、私は今がその過渡期だと考えています。一言で言うと、20世紀型の強欲資本主義から、21世紀型

の共存共生主義へ。共存共生には、当然、人以外の生物も含みます。最終的にその先にあるもの、それは私は、人が私利私欲を手放す時代だと思っています。その時には、利益追求集団の最たるものである国家という概念も時代遅れになるかもしれません。本当にそんな日がくるのか、とても想像できないと思う人も多いかもしれませんが、もしその方向が良いなと思われるのであれば、それは実現できます。それを望む気持ちが想像をかき立て、やがて未来のビジョンとなる。最初は少なくても次第に多くの人が同じビジョンを共有すれば、後は実行するだけです。大事なのはその気持ちなのです。その気持があれば、やがて想像できるようになるしょう。私はそのプロセスを促進するために、自分のビジョンを言語化によって共有しようとしているのです。

さて、さすがに人が私利私欲を手放すまでは長い時間がかかるとしても、少しずつその方向へ進むためには、私はまず企業のあり方から変える必要があると考えています。今の資本主義が、「資本家の利益至上主義」になりすぎており、それが人々に余裕を失わせ、「今だけ金だけ自分だけ」の元となっているからです。私はそれは決して人々の善性の問題ではなく、仕組みの問題がそれを抑えつけているだけだと考えています。したがって、その流れを変える税制を施行すれば、企業と個人のあり方、ひいては人々の考え方も変わると思っています。そのためにはまず、法人税の増税が必要です。日本の法人実効税率は２０１８年度から29・74％に下がる予定です。世界的に企業誘致のために引き下げ傾向にあることを受けてのものですが、考え方がおかしいです。何のための企業でしょう？　利益を上げるためでも、株主のためでもありません。労働者とその家族、そして社会のための企業です。

法人税は上げて、出て行く企業は出て行って構いません。特に外資企業は、利益を上げたいだけなら他でやって頂いて結構です。会社などいくら出て行こうが大した問題ではありません。経済は企業が作るのではなく、そこにいる人々の需要と生産が作り出すもので、どんな企業がいなくなっても、別の企業が在留する人々の生産力を得て、その需要を埋めるだけだからです。それに、すでに説明しましたが、日本は世界一の純資産国で、海外からの投資など1円も必要ないのです。むしろ日本の支配権を取り戻すことの方が重要です。ですから、法人税は上げるのが正解です。逆に日本が率先してそれをやれば、世界的な法人税下げ競争に一石を投じ、今度は逆の流れを作り出せるかもしれません。そうすれば、世界中の労働者の生活を改善できます。人々の代表であるべき政府が、どんな国においてもお金の力に屈してはいけないのです。日本のようにその力を持つ国がやらなければ、他にどこの国がやるのでしょう。

一方、個人所得税はもっとシンプルにして、下げれば良いと思います。所得に応じて10%、20%、30%の三段階ぐらいにして、法人実効税率を40~50%程度にし、一定以上の利益に対してはもっと高い税率を課せば、給与として支払う動機が生まれます。利益で残して高い法人税をかけられるよりは、先々のために人に投資した方が得策との計算も働くからです。最高税率を下げたら格差が広がると心配する人もいるかもしれませんが、労働所得は労働者の努力の結果です。それが多くなったからと言って、あまり高い税率を課すのはやる気を削ぎます。むしろ、すでに説明した通り、株や土地の売買などのキャピタルゲインに高い税率を課したり、相続税を高くしたり、教育費を無償化するなどして、本人の努力以外による格差を減らすことにより、頑張った結果を尊重する社会の方が夢があるのではないでしょうか。ただ、これによって格差が拡大すると言う人もいるかもしれません。確かに高給取りとそうでない人の格差は一時的に多少拡大するかもしれません。しかし、本当の格差は資本（資産）家と労働者の間にあるのです。なぜなら、資本（資産）家の取り分は市場（株式、土地など）で増幅される（将来価値も市場に織り込まれる）ため、労働者から奪った利益にレバレッジ（梃子の原理）をかけることができ、それを原資にさらに支配を強めることもできるからです。ですから、まずその支配の元となる市場の濫用を潰すのが先です。その上で人々が余裕を取り戻し、考え方を変えれば、例えば経営者の評価も利益優先から従業員の満足度優先に変われば、フェアな差に収束していくのではないかと考えています。もちろん、実際にそこに至るまで、様々な施策が必要だとは思いますが、大きな方向性をそちらに定めれば、後は皆さんで知恵を絞って実行するだけではないでしょうか。

日本の産業構造の転換

最後に日本の産業構造の根本的な転換の必要性について述べておきます。これは非常に重要です。なぜなら、今の日本の問題の根本にあるのは、戦後70年以上ずっと盲信し続けてきた輸出信仰、そしてＧＤＰ至上主義だからです。前半40年は良かったかもしれませんが、少なくともこの30年は、それがずっと我々の首を締め続けてきました。ですから、今こそそこから脱却し、もっと広い視野で、私たちが本当に今やるべきことに時間と労力を集中する必要があるのです。しかも急がなければなりません。なぜなら、今だにそれがわかっていない権力者たちが、さらに多くの我々の時間を、30年間負け続けた方に賭ける、破れかぶれの大博打を打とうとしているからです。

ＴＰＰ、オリンピック、リニアモーターカー、カジノなどという政策がそれです。なぜ負け続けているか理解できないまま、全く同じＧＤＰ至上主義と輸出信仰に賭けようとしている。もはや負け確定の愚策です。ＴＰＰの言い訳は海外に売りやすくなるということですが、これ以上黒字を増やしてどうするのでしょう？　オリンピックも巨大なインバウンド政策です。外国人を誘致してお金を落としてもらったところで、それは買い手が来日しているだけで、基本的には国内輸出と同じ、落ちるのは外貨です。リニアモーターカーがどれだけ人々の時間と労力を節約するのでしょう？　それを作る時間と労力と資源に比べて、どれだけ多くの時間と労力が自由になるのでしょう？　新幹線との差がそんなにありますか？　それに比べたら、成田に国際空港を作ったことによって失われた人々の時間と労力の方が遥かに甚大だと思います。カジノに至っては、それでお金が動いてＧＤＰが上がったところで、それがどれだけ未来の子どもたちの役に立つのでしょう？　まるで無意味な穴掘り事業のようなものです。

私はよくこの穴掘り事業の話をします。１億円で穴を掘って埋めるだけの無駄な公共事業があったとして、それはなぜ無駄なのか？　という話です。大抵の人は１億円が無駄だと言いますが、そうではありません。1億円は決してなくなりませんし、それはぐるぐると経済を回り、GDPも1億円分上がります。でもそれで本当に無駄になるのは、無意味な事業に使われた人の時間と労力と資源なのです。それは一旦失われれば、二度と戻ってきません。同じように単なる博打産業に使われた人の時間と労力は二度と戻って来ないのです。なんという無駄でしょう。すでに説明した通り、国家経営の本質とは、いかに皆さんの時間と労力、有限な資源を大事に使い、いかにそれを世のため人のため、未来の子どもたちのために役立てるかです。その視点がない者に、日本という最大の生産性を持つ国を動かす資格はありません。なぜなら、それがどう動くかによって、世界の趨勢をすら決める可能性があるからです。

今我々が本当にやらなければならないのは、世界の雛形の社会を作る仕事です。それはGDPとか黒字とかではありません。GDPは結果的についてくるでしょうし、黒字は今こそ使うべきものなのです。輸出が減り、輸入が増えても全く構わないので、とにかく未来のモデル社会を作るために徹底的に国内を作り直します。エネルギーは再生可能エネルギーに完全にシフトし、自立を図ります。それでコストが上がってもその分は国内に循環し、誰かの売上、または給料になります。輸出価格は上がるでしょうが、それで困るのは輸出企業ぐらいで、大きな問題ではありません。輸出は当面減らすべきなのですから。一次産業も国内生産で最大限賄い、食料の自立を第一義とします。水産物に関しては、資源管理の観点からも輸入を控える必要があるでしょう。いずれにしても、GDPが上がるか下がるかよりも遥かに大事なことがあり、それを優先させるべきなのです。

もう一つ、我々の責任としてやらなければいけないと私が考えているのは、パッケージ革命です。日本ほどパッケージが綺麗で丁寧な国はないと思いますが、はっきり言ってやり過ぎです。それで膨大なゴミを発生させ、資源を無駄にし、環境を汚染しています。思い切ってペットボトルなどのプラスチック容器や包装を全面禁止する、ぐらいのことを早急にする必要があるでしょう。そして、あらゆるパッケージの素材や廃棄方法、またはリサイクル方法についての厳格でユニバーサルなルールを設け、世界のモデルを作る。何を夢みたいなことを、と言うかもしれませんが、そんな夢こそ、我々は見なければならないのではないでしょうか? 未来の子どもたちや他の生物に迷惑をかけない生き方を世界に先駆けて実践する。あらゆるデザイナーや素材メーカーの総力を結集すれば不可能ではないと思いますし、何よりもその意志が必要なのです。意志がないところに道は開けません。そして日本という国がその意志を持つことにより、世界を変えられるかもしれない。その時にはきっと、日本という国家は、もはや利己的な利益集団なのではなく、同じ目標を持ったチームと定義できるかもしれません。考えただけでもワクワクしませんか?

第八章

土地を公有化する

土地神話からの脱却

日本の金融、経済問題を考える時にどうしても外せない問題、それは土地の問題です。それはまるで「部屋の中にいる象」のようなものです。これは英語の表現ですが、「There is an elephant in the room.（部屋の中に象がいる）」と言うと、皆が明らかに気づいているのに、誰も触れたがらない問題のことを指します。それほどこれは当たり前に溶け込んだ、しかし大きな問題だと私は考えます。

今の仕組みがいかにおかしいかは、一度常識を脇に置いて、子どものような素直な目で周りを見てみればわかるかもしれません。なぜ、皆さんが受け取る給料のうち、これほど多くの割合を家賃や住宅ローンとして払い続けなければならないのでしょう？ 家賃収入も住宅ローンの金利も不労所得です。ただ暮らすという当たり前のことのために、皆さんの労働所得の多くの部分が、たまたまそれを所有している同じ国の誰かの継続的な不労所得になる。これはフェアなのでしょうか？

そもそも、それが大きな割合を占めるのは、土地の値段が高いからであり、それがそうなったのは高度経済成長があったからです。生産性の向上と共に土地の利用効率が上がったため、それをより高い値段で買っても、そこで行われる事業の採算が取れたことにより、需要が値段を押し上げたわけです。同時に人々の給料も上がり続け、マイホーム需要もそれを後押ししました。バブルの発生と崩壊はあったものの、全体を通してみれば、恐らく他の時代にはあり得なかったような特殊な地価上昇が起き、ある意味、その時代に生きていた人たちだけがその恩恵に与るチャンスがあったと言えます。今の若い人たちは、その宴の後で、経済成長もなく、家賃よりも先に給料が下がり、デフレで実質金利も高い状況で、同じマイホームの夢を追えるのでしょうか?（もしかしたら若者たちはそんな夢など端から持っていないと鼻白むかもしれませんが。）もちろん、これは大雑把な世代論であり、その世代全員がチャンスに恵まれたわけではないかもしれません。むしろ一部の個人、企業が特権的利益を得たという向きもあるでしょう。特に財閥系や鉄道などのインフラ系企業の経営者や資本家などが。しかし、だからこそ問題だとも言えます。

当たり前の話ですが、国土は本来、国民全員のものです、もちろんいつどこに生まれたかに関係なく。そしてその全員が生きている間に有効に使えるということが第一義であり、それを私有したり、売買益を上げたりすることは本来の意義とはかけ離れています。ましてや、誰かがそうすることによって、他の誰かが使えなかったり、使うために時間（お金）を奪われたりするのは本末転倒です。しかし、高度経済成長に伴う地価上昇の宴の後、一部の層や企業に寡占された土地を奪い返すチャンスは多くの人にはなく、それを使わせて貰うだけで疲弊しているのが現状です。本来、地価の上昇というものは、その時代に生きた日本人全員の生産性向上の賜物であり、それをタイミング良く所有していたか否かで大きな差を生じさせるべきものではないのです。しかし、そういう本質的な思考を全くしないまま、ただ何もせず放置し続けて来た。その結果、運が悪ければ生きる場所を確保するだけで苦労し、片やそれを労せず所得にする者たちがいる。後から何も持たずに生まれてきた若者たちは、こんな社会でどんな夢を描けと言うのでしょう？　これが本当に国民全員のものである国土のフェアな使い方なのでしょうか？

極論を言えば、私は長い目で見て、いずれ国土という概念すら時代遅れになると考えています。人間が勝手に目に見えない線を地球上に引き、その所有を主張し、利害を巡って争うなどという不毛なことは、未来人からすれば全く馬鹿げたことに映るだろうと。同様に、恐らくそれより早い段階で、国内でも個人や企業が土地に線を引き、その所有を主張し合い、権利を盾に利用料を取るなどということが、結局国家全体にしてみれば何のメリットもないことにいずれ気づく日が来ると。それがいつになるのか、私が生きている間なのかどうかもわかりませんが、仮に遠い未来だとしても、私はこの問題を解決する方向性を示しておきたいと思います。いかにして土地を公有化し、私有制度から使用制度へ転換するか、本章でそのやり方を説明します。

土地の処分権を停止する

土地を公有化すると言っても、それは政府が皆さんから土地を取り上げたり、強制的に接収するということではありません。段階的に、あくまでも皆さんの自由意志で政府に売却するということです。

そのやり方は二つの施策からなり、そのまず一つめは「土地の処分権の停止」です。これはつまり、土地を民間に売ってはならないとするものです。売りたい場合は政府に売ること。そして、買いたい（使いたい）側は、土地所有者がまずその土地を政府に売った後に、政府から借りるとするものです（次ページ図12）。

具体例で説明しましょう。例えば相場価格が３０００万円の土地があったとして、それを欲しい人と売り手が合意したとします。通常は不動産屋を通じて合意し、それぞれが手数料を払い、売買契約を結ぶのですが、処分権を停止した場合は違います。▼不動産屋の業務と手数料も多少変わるでしょうが、そこは重要なところではなく、重要なのは政府が３０００万円を土地所有者に払うことと、新しい「使用者」が例えば年間１００万円の使用料を30年間払う使用契約を政府と結ぶということです。これは必ずしも30年ではなく、50年で年間60万円の使用料でも良いかもしれません。また、最低利用期間をどう決定するのか、途中解約をどう処理するのか、契約期間後の使用料をどう設定するのか、また相場からかけ離れた合意金額を防止するために、路線価などのような公定価格を適用するのかなど、様々な細かい制度設計を慎重に決める必要がありますが、肝心なのは大きな方向性です。すなわち、土地を利用したい人が土地を所有することなく、また民間の誰かに使用料という名の不労所得を

▼**不動産屋の業務と手数料も多少変わる**　不動産業がなくなるわけではなく、単に売買契約が賃借契約に変わるだけである。その場合の手数料は、当初は売買手数料並み、または制度促進のため、若干高くする施策も考えられる。

■図12:土地の処分権停止

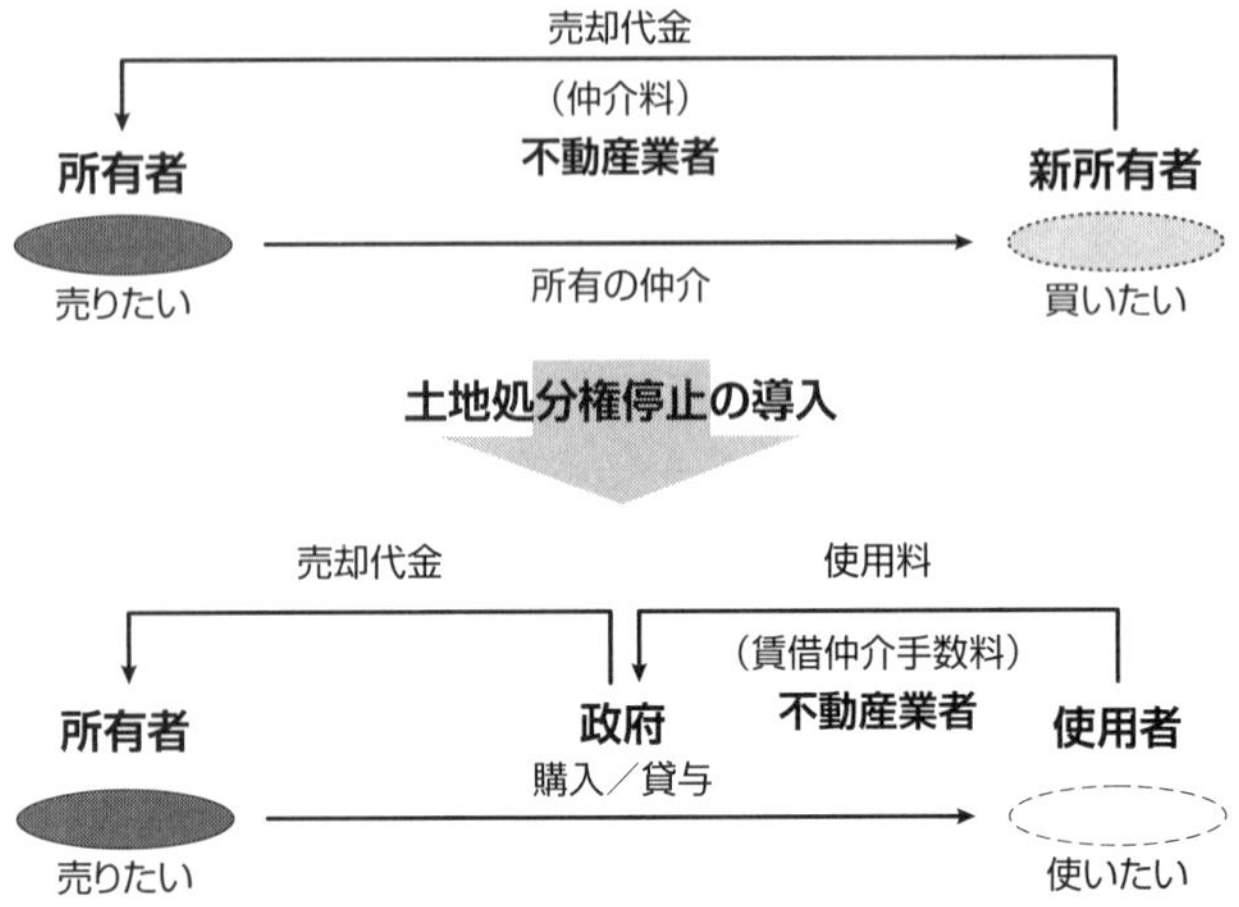

取られることなく、政府という公共体に使用料を支払って使える制度にすることです。たまたま生まれた時代や環境によって大きな違いがあり、それがさらなるチャンスの格差を生み出す今の仕組みは、もはやフェアとは言い難いですし、多くの可能性を潰すという意味で、社会全体のためにもならないという考え方です。そしてもう一つ重要なことは、これによって新たな土地の取得が不可能になりますので、投機で売買益を得るという行為が永遠に消滅することになります。そうしたくなる気持ちは理解できますが、社会にとっては害悪です。特に今の金融システムで膨大なお金が発行され、そのお金が相場を吊り上げる状況では、搾取と支配の道具に使われるだけです。ただ、だからと言って、急に今までの体制を全て否定し、私有地を強制的に接収するようなことがあれば、それは財産権の侵害にもなりますので、あくまで

も所有者の自由意志で、売りたい場合にのみ、政府が買い取る。そのまま所有したければ所有もできる。ただし、他の民間に売ることだけはできない、とする処分権の停止が妥当な一歩だと考えます。

政府による買取保証制度

土地の処分権の停止と合わせて、もう一つ重要な施策が「政府の買取保証制度」です。これは、処分権の停止で土地を政府にしか売れなくなる一方、皆さんが売りたい時には「政府は必ず買う」ことを保障する制度です。つまり、新たな使用者がいなくても、単に土地が不要になれば政府に売れるのです。もちろん、高値で買うことを保障するわけではありません。利用価値が低ければ最悪タダもあり得るでしょう。しかし、これによって救われる人も多いはずです。特に売ることも使うこともできず、固定資産税だけを払っているような土地の所有者などです。今後少子化で空き家が増え、相続などでそのような土地が増えることは十分予想されます。政府が買い取ったとしても（ゼロに近い金額でも）、それを必ず有効活用できるとは限りませんが、少なくともそのような私有地が全国に無数に虫食い状態で放置されるより、ある程度政府（または地方自治体）が集約した方が、有効利用の確率は高まるはずです。まとまった土地なら開発の可能性もあるからです。すでに九州より広い土地が持ち主不明と言われる中、いつまでも古い私有制度にこだわっていては、狭い国土の利用効率が益々落

■図13:政府の買い取り保証と「自己使用目的の買い取り請求」

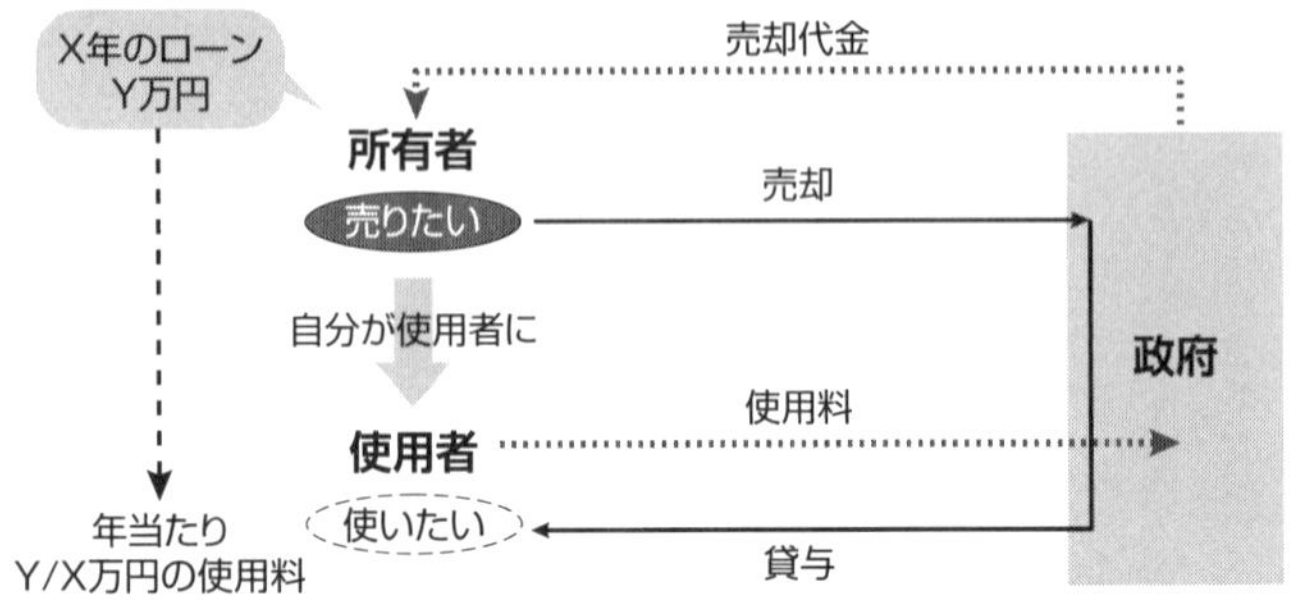

＊実質的に政府による3000万円の無利子の30年ローンが実現できる

ち、チャンスを失う人々の時間と労力も含め、膨大な国家資源の無駄になってしまいます。

もう一つ、この買取保証制度の重要なポイントは「自己使用目的の買取請求」も可とする点です（図13）。これは例えば、自分が居住している自宅の土地を政府に買取請求し、その後も自分で居住し続けられるという制度です。例えば相場価格３０００万円の土地に自宅を建てて住んでいる人が、新しい使用者を自分とし、土地を３０００万円で政府に売り、その後年間１００万円の使用料を30年間支払うようなケースです。この場合、自己居住目的に限り、「売却金額＝使用料総額」になった時点でその後の使用料を無料にすれば良いと思います。すなわち、３０００万円で売り、１００万円の使用料を30年間支払えば、その後の使用料は無料になるということです。仮に本人が亡くなっても、その配偶者までが居住している限り無料という特例も良いかもしれません。これも詳細は後で決めれば良いと思いますが、大事なことは、この施策によって多くの人を借金から開放することができるということです。上記の３０００

万円の買取代金と、その後の100万円×30年間の使用料の支払いは、実質的に政府による3000万円の無利子の30年ローンと同じことです。もし所有者がその分の住宅ローンを抱えていれば、それを無利息の政府ローンに借り換え、膨大な利息を節約できます。それでは銀行が困る、民業圧迫と言うかもしれませんが、仕方ありません。銀行が儲けることが大事なのではなく、社会の役に立つことが大事なのです。人が住むという最も基本的な行為から銀行が儲ける必要、いや権利がそもそもどこにあるのでしょう？　それに、すでに説明した通り、土地担保融資という単なる所有権の移転に対する借金で裏付けのないお金が膨大に発行され、その全てにかかる利息が社会に重くのしかかっているのです。ですから、これらの土地の処分権の停止と政府による買取保証という政策で、土地担保融資そのものをなくしていけば、それは膨大な利息を社会から駆逐することになり、結局全員のためになるのです。

十分な移行期間を設ける

今まで土地を私有するのが当たり前の社会、経済から、土地を公有化する社会、経済へ転換するわけですから、当然、急にできる話ではなく、長い移行期間を設ける必要があります。大きな抵抗も予想されます。なぜなら、所有によって不労所得を得、今後も永続的に得られると思っていた人々や企業にとっては、その特権がいずれ剝奪される方向性だからです。もちろん当初は強制的に買い上げるわけではないので、所有し続けることも、不労所得を得続けることも可能です。しかし長い時間をかけて人々の考えが変わり、大多数の人がそれを望めば、新たな法律を制定し、期限を切って完全公有化へ移行する。それが30年後か50年後かわかりませんが、方向性としてはそちらですし、私はその時がいずれ来ると考えています。ただ、本当にそうなるかどうかは後の人々に任せるとして、今は大きな方向性を示し、なるべく理不尽な不利益を被る人がいないような、フェアな移行期間を作る必要があります。

まず、今まで当たり前だった不動産の相続ですが、これは最終的な完全移行の法律ができるまでは、認める方向で良いと思います。自分の子どもに自宅を残したい親御さんのお気持ちもお察ししますし、ご商売をされている方の事業継承もその方がやりやすい場合もあるでしょう。しかし、むしろその方々にもメリットのある方法として、相続税の軽減はどうでしょう? 要するに、相続した土地を政府に売った場合は（その後の使用契約を結ぶか結ばないかは随意）、相続税を減免するのです。これまで事業継承の場合、相続税対策に大きなキャッシュが必要だったり、個人の相続でも、売れない土地の相続税が重荷になるケースがあったはずです。これらも、もし政府に買取請求できると同時に、相続税の減免措置もあれば、使用料さえ払えばずっとその土地で商売できるわけですから、土地を所有しなくても良いと考える人が増えるのではないでしょうか？

そうして30年後か50年後か、恐らくその時までには、日本中の土地もほぼ一巡するでしょう。多分、世の中の考え方も変わっていると思います。そうなれば、最終的に新たな法律を作り、期限を切って完全公有化に踏み切れば良いのです。同時に、その時までに買取請求されない土地については、政府が無償で接収する。そうすれば、すでに九州よりも広いと言われる土地の持ち主不明問題も一気に解決します。このプロセスはもしかしたらもっと早く進むかもしれませんが、当初はそのぐらいの十分な移行期間を想定し、人の気持ちが自然に変わるのを待つべきだと考えます。あまりに長過ぎてピンと来ないと思うかもしれませんが、そのぐらいの時間をかけてでもこれは変える必要があり、その大きなビジョンを示すことこそが政治家の仕事です。

借金の鎖からの開放

さて、では日本全土の私有地を政府が買い取るのに、どれぐらいの金額が必要でしょう？　今の相場からして、恐らく１０００兆円ぐらいが目安になると思われます。これは相場の変動にもよるでしょうが、基本的に民間は誰も買えなくなるわけで、政府が積極的に買い上げるわけでもなく、あくまでも売り手主導の相場になるため、相場は上がるというよりも、下がる傾向が強まるでしょう、少なくとも当初は。そのうちに経済が成長し、インフレにでもなれば、土地の利用効率も上がり、高い使用料を払っても使いたい人が増えて相場も上がる可能性がありますが、あくまでも事業の収益性がベースになるため、バブルのようなことは二度と起きません。投機的な買い手はもはや存在しないからです。したがってこれは、最大1000兆円のお金を、土地の所有権と引き換えに政府が民間に支払うという前例のない政策になります。

そんなお金がどこにあるのかと、恐らく古い概念に縛られた人は言いそうですが、もちろん政府が作るのです。そんないい加減なと思うかもしれませんが、考えてみてください。もし土地担保融資がついている土地であれば、その分のお金はすでに銀行が作っています。単なる所有権の移転のために、無から借金と表裏一体で作り出したお金がすでに世の中に流れているのです。ですから、政府が土地を買い取るお金を新たに作っても、それで元の銀行融資を返済すれば、その分のお金は消えます。つまり、新たに政府が作ったお金と、融資の返済で消えるお金が相殺され、実質的に新たなお金は作られないことになります。ですから、お金の発行主体が民間銀行から政府に変わるだけで、金融的には何も変わりません。

しかし、それで大きく変わるのは、その「お金の作られ方」です。政府が土地の買収に払うお金は、すでに第五章で説明した通り、**政府通貨の発行**で作ります。つまり、今までは銀行が借金で作っていたお金を、誰の借金でもない政府通貨に置き換えるということです。そんな裏付けのないお金を発行して大丈夫かと言う人がいそうですが、そもそも土地の所有権の移転だけのために作った借金が裏付けになるのか、という話です。確かにそれで、借金を返すための生産活動を借り手に強制しますが、私に言わせれば、それは借金による人の隷属化です。そもそも、無限の拡大生産、拡大消費が不可能であることが明らかな現代で、お金の仕組みがそれを強制し続けること自体、不自然で非現実的なのです。よく私が主張することの方が非現実的と言う人がいますが、現実的とは、今との変化量が少ないことではありません。今起きていることをありのままに捉え、それに対応することです。その意味で、すでに今の金融システムが機能不全に陥り、地球全体が軋みを上げている状況に対応することこそ現実的で、それが非現実的に思えるということは、それだけ歪みが大きく、大きな変化を急ぎ要するということです。もし今日本が政府通貨を発行して私有地を買い取り、土地担保融資を駆逐し、借金の鎖で土地に縛り付けられた人々を開放すれば、それは大きな変化として世界に強いインパクトを与えることになるでしょう。

政府通貨による土地の買い取りの金融的インパクト

さて、政府通貨で土地を買い取るところまでは良いとしても、１０００兆円という金額は金融的にはどうなのでしょう？　インフレ、円安などが懸念されますが、少し考察してみましょう。まず、基本的な考え方は第五章に示した通りです。政府通貨だからと言って、直ちにハイパーインフレや円の暴落を起こすことはありません。問題は金額です。１０００兆円という金額は、今のマネーストックM２に匹敵する金額ですから、皆さんのお金が倍になる計算です。また、前章で提唱した黒字還付金の配布やベーシックインカムと合わせて考えると、かなり大胆なお金の発行になることは否めません。ですから、全ての政策を一気にやるのではなく、様子を見ながら順序立ててやって行く必要があり、その意味では、土地の公有化は最終段階の話になるかもしれません。いずれにしても、注視すべき判断の指標は、これも前章で説明した通り、経常収支です。政府通貨を発行し、それが土地の買収を通じて世の中に還流した時に、それが使われ、消費が増え、輸入が増え、輸出が場合によっては減り、経常収支がどれだけ悪化するか。それによって、世界一の対外純資産がどれだけのペースで減るかを見なければなりません。

ただ、1000兆円という金額も、その総額だけ見ると大きく感じますが、その全てがお金の発行になるわけではありません。前節でも説明した通り、もし既存の土地担保融資の返済に回れば、それは借り換えと同じで、新たなお金の発行にはなりません。それがどれぐらいの期間にどれだけの割合を占めるかわかりませんが、恐らく銀行の貸出残高から推測して、最大数百兆円規模になると思われます。日本の銀行は有担保融資の割合が非常に高いからです。つまり、その部分はお金の発行にならず、金融的インパクトはありません。また、仮に1000兆円全てが政府通貨による新たなお金の発行になったとしても、次の二つの理由から、それが十分コントロール可能だと考えられます。

まず一つ目の理由は、これは一気には起こらないということです。政府の買取保証をつけたとしても、直ちに土地の所有者が全ての土地を売るわけではありません。土地の所有にこだわる人、新しい仕組みに慎重な人、様々な考えや事情で、それぞれのタイミングで、最低でも30年ぐらいかけて進行する話です。そうすると、1000兆円といっても年額33兆円のお金の発行になります。小さな金額ではありませんが、そこで重要になるのが二つ目の理由です。買取保証のところで説明した通り、その後の使用料が政府に支払われ、もし年間使用料が買取価格の30分の1なら、発行したお金は30年後には回収されます。つまり、仮に当初30年で買い取りが完了したとすれば、遅くともその後30年で発行したお金も全て回収され、土地買取による金融的インパクトは元に戻るということです。ただ、もちろん金融政策というものは、様々な要因が複雑に絡み合うため、経常収支、物価動向などを見ながら臨機応変かつ慎重な対応が必要です。しかしそれも、従来の金融政策ではなく、政府通貨発行による財政・金融一体型の政策で統合的に対応することにより、迅速かつ的確にコントロールすることは可能だと思います。もちろん、これはあくまでも仕組みの話であって、その都度状況を見て判断ができる人材が政策を決定、実行すれば、という条件つきですが。

土地の公有化の意義

本章で私が主張していることは、あまりに途方もないと思われるかもしれませんが、この土地の公有化にはいくつかのとても大きな意義がありますので、それをここで説明します。

1．血の入れ替え

政府通貨で土地を買い取り、土地担保融資を消していけば、単なる所有権の移転で作られた裏付けのないお金を消すことができます。もちろん当初は、それが政府通貨に置き換わるだけで、直ちに消えるわけではありません。しかし、毎年の土地使用料が支払われれば、毎年回収が進み、30年後には全て回収されます。そして何よりも重要なのは、土地担保融資と違い、そこには利息がつかないということです。つまり、利息分を払うためのお金を新たな借金で発行する必要がないという意味で、従来の金融システムの矛盾である、借金の無限ループを回避することができます。そして、この施策を進めることで、経済で流れるお金の多くを、誰の借金でもないお金（政府通貨）に置き換えることができるのです。

すでに第五章で説明した通り、政府の借金を全て政府通貨に置き換えれば、まず約１３００兆円あるマネーストックM３のうちの８４５兆円が誰の借金でもないお金に入れ替わります。そして、仮に民間銀行の融資のうちの半分が不動産担保融資だとして、それが全て政府通貨による土地の買取金で返済されれば、残りは２００〜３００兆円か、もっと少ないかもしれません。つまり、経済で動くお金のうち、借金で発行されたお金が1〜2割にまで減り、そこにかかる利息も大した金額ではなくなります。もちろんこれは大雑把な計算で、正確に3割になるのか、１割を切るのかわかりませんが、いずれにしてもほとんどの借金マネーを駆逐することになるでしょう。つまり今までは、経済で流通するお金ほぼ全てに金利がつき、経済そのものが巨大な格差拡大装置になっていたものが、ほとんどのお金が誰の借金でもない政府通貨に置き換わり、よりフェアな経済になるということです。また、借金マネーの割合がそこまで減れば、利息分のお金を経済全体で増やし続ける必要もなくなり、常に柔軟で機動的な金融政策が可能になります。要するにこれは、病気にかかった血を体から抜き、健康な血に入れ替え、体を健康にする作業なのです。

2. 国土の安全保障

国家経営の本質のところで説明した通り、国家として自立するためには、国内のインフラやリソースを外国人に支配されないことがとても重要です。しかし、あらゆるものの民営化が進んだ結果、企業の株式はかなりの割合を外国人投資家に売り渡してしまっていますし、土地も同様です。なぜ国境近くの島の所有権を主張する割には、国内の土地の売却に無頓着なのでしょう？合法的に支配権を売り渡して何か良いことがあるのでしょうか？日本は、そもそも世界最大の対外純資産国であり、国内への投資、つまり対外債務を負う必要は全くないのです。ですから、日本の土地を所有していただかなければならない理由は全くありません。すでに所有されている土地をどうするかは別の議論だとしても、少なくとも処分権の停止で、（外国人も含めた）民間への売却を停止すれば、これ以上土地を外国人に所有されることはなくなります。国際的に異論が出るかもしれませんが、そもそも国土はその国民のものとすることがユニバーサルな考え方であるとし、日本が海外に持っている土地に関しても、相互に解消して行く方向を話し合うべきだと考えます。でなければ、金の力に任せた合法的な植民地支配がいつまでもまかり通ることになります。特に、すでに説明した通り、今の金融システムで無尽蔵に膨れてしまったお金を背景に、そのお金をグローバルに展開し、世界中の資産を買い上げられるような状況で、世界の名もなき多くの人々を救うためには、政府による規制が必要なのです。民主的な政府が唯一、お金の力ではなく、一人ひとりの意志を代表して動く主体だからです。その中で、我々自身も胸に手を当て、自分たちの利益のためだけではなく、世界の人々にとってのフェアという観点から物事を考え直す必要があると思います。

3. 社会の公共性を高める

これも国家経営の本質で説明した通り、社会とは舞台です。一人ひとりがその可能性を最大限発揮するための舞台。それを整えるのが国家の役割であり、そのために有効なのが空間の公共化です。つまり、国土とはパブリック（皆のもの）であるという考えの下、それを誰もがいつでも有効に使えるように整備すべきです。例えば、集会や講演会、各種公演など、人が集って何らかの価値を生み出すための施設を増やし、なるべく無料に近い形で利用できるようにする。または、政府が直接それをやらなくても、そのような公共施設を建設、運営する業者に対して安い使用料で土地を貸し、より安価にサービスを提供できるようにする。いずれにしても、本当の意味で集会の自由を保障するのです。確かに憲法上は保障されていますが、今の金融資本主義の枠組みの中、その自由はお金の論理に侵食されてしまっています。自由とは制約がない状態を指すとすれば、お金の制約も本来はなくしていくべきだと私は考えています。特に新しい時代において、人々が集い、関わり合うことにより、今までは商業的に成立しなかったような小さな価値がたくさん生まれ、それが新しい経済フロンティアを拡げて行くと考えれば、それを生み出す場所はとても重要なインフラになります。その時に、誰もがそれにアクセスできることはとても重要なのです。そこにお金の制約が入れば、またそれが格差を再生産しかねないからです。また、土地の公有化により、より機能的な都市デザイン、交通網の整備、一極集中を解消する国土計画なども可能になるかもしれません。空き家や空き地を利用した福祉サービス、教育サービスの提供などの可能性も開けます。このように、土地を公有化して集約することにより、その使い途も増え、利用効率も上がり、最終的には生産も増えるかもしれない。要するに土地とは使えてナンボであって、所有するだけで何かが生まれるわけではない（売却益や地代などの不労所得は単なる所有権の移転で、何ら実体価値を生み出さない）という原点に立ち戻るべきなのです。そして土地を公に開けば、その上に立脚する社会そのものの公共性も高まり、皆が活躍できる舞台になり得るというわけです。

第九章

世界の中の日本

ブギーマンはいない

ここまで私が主張してきた政策を読んで、恐らく多くの皆さんは気づかれたと思います、何が最大の問題になるか。はい、その通りです。日本の自主独立です。いずれも従来の世界的な流れに逆らい、新たな潮流を作り出そうとする政策であり、世界を変える覚悟がなければできないことばかりです。したがって、今までの潮流を作ってきた我々の宗主国、アメリカ合衆国との関係が最大の障壁になります。この際なのではっきり言いますが、今の日本に主権はありません。それ以前に自決の意志すらないのかもしれません。でなければこの数十年、日米年次改革要望書に従って大規模小売店舗法（大店法）を廃止し、労働派遣業を自由化し、郵政、道路公団を民営化するような盲目的な従属政策がまかり通るはずがありません。経済成長のためのパートナーシップと言えば聞こえは良いですが、とんでもない。要するにアメリカ本国を支配している金融資本家たちが、その触手を日本に伸ばすための地ならしに過ぎません。その結果、見事にお金の力にねじ伏せられ、今だけ金だけ自分だけの風潮に染まってしまっています。それを押し止める気概、覚悟、思想が政治に欠けているからです。しかし、その政治を選んでいるのも結局は我々です。つまり、我々自身がその「覚悟」を決める必要があるのです。

ただ、ここで私が皆さんにお伝えしたいのは、これは別に怖いことでも不可能なことでもないということです。国境を縦に考えるから萎縮してしまうのです。当たり前の話ですが、国境など本当は存在しません。人間が勝手に引いた見えない線、概念でしかないのです。洗脳の道具と言っても良いかもしれません。皆さんはもうわかっているはずです。本当は日本人もアメリカ人も、ロシア人も中国人も同じだということを。同じように父母を持って生まれ、同じように死んでいきます。文化、習慣、考え方は違っても、本質的に同じような幸せ、すなわち食べて、飲んで、笑って、愛して、良い人生を送ることを望んでいます。個人レベルでほとんどの人は誰かを殺したいほど憎んだりはしませんし、実際にそうすることもしません。もちろん、自分の子どもや親がそうなることを望んでもいないでしょう。なのになぜ、全く知りもしない人たちを殺したりできるようになるのでしょう？　その国が悪の枢軸だから？　放っておくと攻めてくるから？　自由と独立を破壊するから？　本当でしょうか？　誰がそう望むのでしょう？　我々と大差ないその国の人たちが？

一つだけ確かなことがあります。それは我々のほとんどは、それが本当かどうかを知らないということです。なぜなら、ほとんどの人には会ったこともないからです。そして会ったことのある他国の人は、大抵は我々と大差ない人たちです。これは何を意味するでしょう？　それはつまり、我々が知らない何かが我々の脳に植え付けられているということです。これを洗脳と言います。そしてそれは大抵、恐怖と共に植え付けられます。ですからブギーマン（子ども騙しの恐怖の象徴）が必要なのです、お家（国境）の外には恐ろしい怪物がいるよ、と。しかし、皆さんはもう気づき始めています。少なくともここ数十年の戦争は決して自由や独立のために起きたわけではなく、特定の誰かの利益のために行われたということを。でなければなぜ、湾岸戦争の時のナイラ証言、イラク戦争の根拠となった大量破壊兵器、古くはベトナム戦争の時のトンキン湾事件などのでっち上げが必要だったのでしょう。同じ脈絡で考えれば、アフガン紛争のきっかけとなった9・11も極めて象徴的で、格好の出来事だったことは間違いありません。その真実は後の情報開示に期待するとしても、少なくとも情報は簡単に操作され、政府は平気で嘘をつくということです。ですから情報によって判断することは、極めて不確かな外部要因に基づいて判断することになります。私たちは今こそ、情報によってもたらされる恐怖を捨て、実際に見たもの、会った人たち、そして本質に基づいて判断するべきです。あの国はどんな国だったか、そこにいる人たちはどんな人たちだったか、仮に直接知らないとしても、生きること死ぬことの本質、何が本質的に正しいかなどから判断すれば、情報操作に騙されにくくなります。

そう考えてみれば、例えば私が会った多くのアメリカ人は、少なくとも日本が自決の道を歩むことに対して何の異論も挟まないでしょう。それこそ純粋に自主、独立の気風を持った人たちばかりです。むしろ、日本がアメリカに勝手に忖度する、自主性を持たないことの方が不思議だと思うでしょう。また、日本とアメリカの関係が変化することにより、本当にロシアや中国、北朝鮮などが攻撃を加えて来るのかどうか、それをその国の人たちが望むのかどうか、よく考えてみれば良いと思います。結局、在日米軍が完全に撤退して困るのは、少なくとも一般的なアメリカ人ではないのです。では誰がそれを許さないのか、誰がそれで不都合を被るのか? 我々自身の恐怖がブギーマンを作り出している可能性も含め、我々はよく考え直してみる必要があると思います。

敗戦を克服すること

ここで我々自身について考えてみたいと思います。我々は先の大戦での敗戦から立ち直ったのでしょうか？　確かに物質的には目覚ましい復興を遂げ、表面的には立ち直ったように見えます。しかし、精神的にはどうでしょう？　我々は本当に敗戦を克服したのでしょうか？　克服と言っても、私も含めて多くの世代はもはや戦争を知りません。しかし、敗戦から被占領国となり、その占領状態がずっと続いている状態で我々は生まれ育っています。つまり、戦争は終わったかもしれませんが、敗戦状態はずっと続いている。その中で在日米軍は当たり前の存在となり、今や安全保障を理由にそれを積極的に容認する風潮すらある。我々は結局、今だに日々精神的に負け続けているのではないでしょうか？

我々が負けたのは、戦争という殺し合いです。国力、兵力、戦略、戦術など、要素は色々あれど、要するに殺し合いに長けた方が勝つのが戦争です。それに負けたから何だと言うのでしょう？　彼らの方が優れていて、我々の方が劣っていることになるのでしょうか？　もちろん負けた我々は約300万人の命の犠牲を払うことになりました。ですから、そうなるまでにした無数の選択について、我々は重い責任を負う必要があります。それは、そのような選択の数々が無責任に暴走するメカニズムを検証し、それが二度と起きないようにする責任も含め、我々戦後世代も負うべきものです。しかし実際はどうでしょう？ 多大な命の犠牲を払い、国土を破壊され、その後ずっと占領状態に置かれることにより、その責任を果たしたような気になっていないでしょうか？ それらはあくまでも戦争の結果であって、責任ではありません。そして、責任は指導的な立場にあった人たちだけではなく、我々自身にもあるのです。もちろん戦後生まれた世代は、直接的には何もできませんでした。しかし、その後の社会において、同じようなことが二度と起きないようにする責任を負うことはできます。であるのに我々は、戦争で大勢の命を失い、国土を破壊され、占領状態に置かれ続けるうちに、いつの間にか被害者の皮を被り、卑屈に甘んじているのではないでしょうか？

私がこんなことを言うのは、連合国によって開かれた東京裁判以外に、自分たちの手で責任を追求しようという自浄作用が全く見られないからです。例えばドイツでも連合国によるニュルンベルク裁判がありましたが、ナチスによる犯罪をドイツ人自身が訴追することが重要という考えの下、謀殺や謀殺幇助その他、当時の国内法に基づき、ナチス犯罪をドイツ司法当局が裁き続けています。根拠法が当時の国内法なのでほとんどの犯罪は時効を迎えていますが、謀殺については時効がないため、今も訴追の対象です。翻って日本はどうでしょう？ 東京裁判以外に、自分たちの手で戦時中の官僚、軍人、政治家などの犯罪を裁いたケースがあったでしょうか？ ゼロです。まさか犯罪行為が全くなかったわけではないでしょう。しかし、誰も責任を問われなかった。なぜでしょう？ それは一つには、同じ人たちが権力の座に坐り続けているからです。戦前と戦後で支配体制がほとんど変わらなかった。東京裁判でＡ級戦犯として逮捕された岸信介はＣＩＡの協力者として釈放され、そのコネクションをバックに政界に復帰しました。そして、彼を通じて自民党の政治家たちに資金が流れ、それが自民党の一党支配の基盤を固めたのです。これらのことは比較的最近の文書で明らかになりました。膨大な公文書からＣＩＡの60年の活動を描き出したティム・ワイナーの『ＣＩＡ秘録』（文藝春秋社、2008年）には次のような記述があります。

岸は一九四一年、アメリカに対する宣戦布告時の閣僚であり、商工大臣を務めていた。戦後、Ａ級戦犯容疑者として収監されていた間も、岸はアメリカの上層部に味方がいた。そのうちの一人は、日本によるパールハーバー攻撃があったとき駐日大使を務めていたジョセフ・グルーだった。（中略）岸が巣鴨拘置所を出所した数日後、グルーは「ヨーロッパ全国委員会」の初代委員長になった。この委員会は「自由ヨーロッパ放送」などの政治戦争計画を支援するためにＣＩＡが設けた偽装組織だった。

（中略）

一九五四年五月、岸は東京の歌舞伎座で一種の政治的なデビューを果たした。元ＯＳＳ要員で東京大使館の情報宣伝担当官としてＣＩＡとも協力関係にあるビル・ハッチンスンを歌舞伎観劇に招待したのだ。幕間に飾り立てた劇場のロビーで、日本のエリートである友人たちにハッチンスンを引き回して紹介した。（中略）岸なりに、自分が国際的な舞台に――アメリカのお気に入りとして――戻ってきたことを公表したものだった。

（中略）

岸はアメリカ人に、自分の戦略は自由党をひっくり返し、名前を改め、立て直して自分が動かすことだと語っていた。岸が舵を取る新しい自由民主党は自由主義的でも民主主義的でもなく、帝国日本の灰の中から立ち上がった右派の封建的な指導者たちを多くそのメンバーとしていた。

（中略）

アイゼンハワー自身も、日本が安保条約を政治的に支持することと、アメリカが岸を財政的に支援することは同じことだと判断していた［傍点引用者］。大統領はＣＩＡが自民党の主要議員に引き続き一連の金銭を提供することを承認した。（中略）この資金は少なくとも十五年間にわたり、四人の大統領の下で日本に流れ、その後の冷戦期中に日本で自民党の一党支配を強化するのに役立った。

（中略）

「われわれは占領中の日本を動かした。そして占領後も長く別のやり方で動かしてきた」。ＣＩＡの東京支局長を務めたホーレス・フェルドマンはそう述懐した。

これでわかることは、日本は事実上傀儡国家だということです。表向き独立したことになっていても、占領政策の延長線上で、実際は彼らの息のかかった、彼らの資金で地盤を固めた自民党が、彼らの意に添った政治をしている。そして我々自身がそれを許し続けているのです。我々は本当に自分たちの代表を自分たちで選んでいるのでしょうか？ そうではないから、年次改革要望書通りに事を進め、3万人もの占領軍を駐留させ続け、首都圏の制空権も握られたままなのではないでしょうか？にも関わらず、アメリカが日米安保で日本を守ってくれているとすら考える人がいる。彼らは岸に金を払ってまで安保条約を通したかったのです。日本のためのはずがありません。当然アメリカのため、日本を反共の防波堤にすることがそれほど重要だったからです。朝鮮戦争、ベトナム戦争の軍事拠点としても不可欠だったでしょう。しかし、それすらも見えなくなっている。それは我々が見事に親米化されているからということもありますが、結局は本質から目をそらし続けているからです。あの戦争の後、我々自身に内在する問題の本質について、全く考えたり検証したり改善しようとしていない。だから、戦前からの支配層がそのまま権力復帰し、そのまま権力を握り続けられるのです。

　あの戦争は決して災害のような、抗いようのない災厄だったわけではありません。開戦せざるを得ないところまで追い込まれていたかもしれませんが、そしてその後のアメリカの歴史を見ても戦争屋が暗躍していたことは想像に難くありませんが、それでも開戦から終戦までに無数の選択や決断があり、それらが全て最善だったわけではないということです。ここで誤解していただきたくないのは、私は可能性の話をしたいのではありません。どんな可能性があったかなどと考えてもキリがありませんから。そうではなく、私が言いたいのは、その一つ一つの選択や決断のベースとなった我々自身の性向や行動様式にそもそも問題はなかったのか、ということです。

あの戦争をあそこまで悲惨にしたもの、それがアメリカ軍の攻撃の苛烈さだけではなく、我々自身の行動によるところもあるはずです。全滅を玉砕などと言い換え、真実を覆い隠す大本営発表、マスコミの権力への迎合、付和雷同の大衆、戦地で大量の餓死者を出す無能、上意下達に盲従する従順な人々、物言わぬ善良な庶民。それらはそっくりそのまま今の我々にも通じる問題であり、それが例えば公文書改ざんや隠蔽、政治家による言い換えや虚偽答弁、マスコミや官僚の忖度、日大学生による悪質タックル、そしてそれらに対する我々自身の当事者意識の薄さなどに現れているのではないでしょうか？ つまり、我々自身が空気を読み、突出するのを嫌い、言い出しにくいことを言わず、異を唱えず、上に逆らわず、「不作為の作為」を繰り返した挙げ句に全て他人事、それがこの国にずっと横たわる問題の本質であり、今だに全く変わっていない。結局我々はその本質から目をそらし、何もしなかった。だから支配体制が変わらなくても従順に付き従うことができる。そしてアメリカに利用されている本質からも目をそらす。

恐らく我々は二重の意味で敗戦を克服していないのです。一つはこのように、戦争で多くの人の命を失ってもなお、その根本にある自分たちの問題から目をそらし続けていること。もう一つは戦争で被った圧倒的な暴力に怯え、それに屈し続けていること。確かにあれだけの暴力で完膚なきまでに叩きのめされれば、二度と戦争は御免だという気持ちはよくわかります。だからこそ戦後長い間、憲法9条が支持されてきたのでしょう。そして、その志自体は尊いものだと思います。しかし如何せん、行動が伴っていません。アメリカが日本を守っているにせよ、自国の利益のためにせよ、日本の戦後の安全保障は在日米軍抜きでは語れません。つまり、我々は口では暴力反対と言いながら、その暴力を利用していることになります。自分たちを壊滅寸前まで追い込んだ暴力に頼って生きているのです。これを屈していると言わずして何と言うのでしょう？

今となっては日米関係も大きく変化し、七十余年前とは全く違うものになっているかもしれません。特に民間レベルでは、弾丸を撃ち合った記憶も彼方に消え、友好関係は極めて良好と言えるでしょう。私自身にも多くの友人がいます。しかし、それと大きなレベルでの従属関係は全く別の話です。これまでも述べてきたように、経済的な従属により我々は富を吸い上げられ続け、それが彼の国の軍費を賄っています。基地提供という軍事的な従属によっても、間接的に戦争に加担している。これらは我々のためにならないばかりか、アメリカを含めた世界中の一般市民のためにもならないことばかりです。私は今さら、戦後七十余年の歩みを糾弾することに興味はありません。しかし、是非とも今、皆さんに呼びかけたいことは、そろそろあの敗戦から本当に立ち直り、未来に向かって進み始めませんか、ということです。そのためには、**日米安保条約の抜本的見直しと在日米軍の完全撤退**が絶対条件です。なぜなら、それがあの戦争で晒された暴力への恐怖を捨て、戦前も戦後も変わらぬ支配体制に身を押し込めていた我々自身の殻を破ることになるからです。それが我々の本当の責任の取り方であり、あの戦争で命を落とした多くの同朋の無念に報いる唯一の方法だと私は考えます。

誰が独立を妨げるのか

さて、多くの人はこう思うかもしれません。日米安保条約の抜本的見直しと在日米軍の完全撤退、そんなことができるのか？　と。それに対して逆に私はこう問い返します。あなたはどうなのでしょう？　そうしたいのでしょうか？　もし大多数の皆さんが本当にそうしたいと願い、本気で実現する覚悟があれば、できない理由はありません。誰が止めるというのでしょう？　アメリカ合衆国？　アメリカ合衆国の誰でしょう？　一般市民で反対する人がいるでしょうか？　世界中のほとんどの人は諸手を挙げて賛同するでしょう。他に誰か止めようとするでしょうか？

もしそれを阻止しようとする人たちがいるとすれば、それは恐らく我々自身です。在日米軍を追い出せないのは、我々自身がそれを望まないからです。前節でも述べた通り、我々自身が暴力に屈していて、そうした場合に起こり得る事態に恐怖しているからです。それが良かれと思っている人々が権力の座にあるからとも言えますが、それも、それを良しとする我々がいての話です。その証拠に、鳩山首相が普天間基地の移転先を最低でも県外と言って挫折した時、我々はすぐに自民党に政権を戻しました。「他に選択肢がなかったから」、「民主党政権がダメだったから」と言うかもしれませんが、仮にそうだったとしても、その後あの政権交代時ほどの熱狂を伴う日米関係見直しの声は起こっていません。要するにそれは、民主党政権に淡い期待を抱いただけで、我々自身が覚悟を持ってそれをやろうとしたわけではなかったということです。実際、安保法制反対で国会前に集まっていた人たちも、そこから見直せとは言っていません。単に何もしなくても今まで通り米軍の傘の下にいられると思っている人たちが、そのためには集団的自衛権行使容認という手土産が必要と判断した政府とそのやり方に怒っていたに過ぎません。違いは米軍の傘の下に隠れ続ける値段が上がったと認識しているか否か、そして手順に正当性があると思うか否かであって、米軍依存という点は同じです。ですから、恐らく私がいくらこんなことを主張しても、それが直ちに多数の支持を得ることはないかもしれません。怖いと思うのも当然だろうからです。私はその気持を否定するつもりも、自分が正しいと主張するつもりもありません。なぜなら、これは正しい正しくないの問題ではなく、個人の選択の問題だからです。一人ひとりが限られた生の中でどう生きるか、どう死ぬか。それはそれぞれの生き様、死に様の問題であって、他人にとやかく言われることではありません。ですから、それぞれの意見があって良いのです。ただ、国家として安全保障政策を決める際には、それは最終的に国民全体としての生き様、死に様の話になりますから、それぞれの意見をすり合わせる必要があります。そのためには意見を伝え合うプロセスが必要なので、まず私の考えを述べているわけですが、大事なことは一人ひとりがその答えを持つことです。だから私は皆さんに「どうしたいですか？」と問うたわけですが、もし私と同じように考える個人が過半数を超えれば、日米安保の見直しも在日米軍の完全撤退も、それを阻止できる者は誰もいないはずだということです。それが民主的な独立国の当たり前の姿なのですから。

ただし一つだけ、今まで日本を傀儡化してきた勢力が米国内にあることがCIAの資料からも明らかな以上、それを阻止しようとする力は確実に働くと思った方が良いでしょう。その力が強くないとは言いませんが、半分は我々の忖度が与える力です。それをやめ、決然とした意志を公然とぶつければぶつけるほど、彼らはノーと言いにくくなります。なぜならそれは「自由と独立」を掲げる国の自己否定につながるからです。それはアメリカの一般大衆が許さないでしょう。そしてそこに突破口があります。今やアメリカは一枚岩ではありません。▼トップ10％の富裕層が全体の75％もの資産を持ち、彼らが言う国益と一般国民の利益は大きく乖離しつつあります。そして在日米軍は決して一般的なアメリカ市民の利益にはなりません。むしろ完全撤退こそが彼らの利益であると理解されるのに時間はかからないでしょう。また、現職大統領のトランプ氏のディール外交を見る限り、彼はアメリカの財政赤字と経常赤字の解消を最優先にしている節があり、その意味では撤退要求は渡りに船の可能性があります。逆にそうされると困る日本側が、トランプ大統領に尻尾を振って武器を買い続け、日本の黒字をアメリカの赤字の穴埋めにするディールと引き換えにすがりついているように見えます。このまま行けば、我々は彼らの言いなりに富を吸い上げられるでしょう。それでも米軍に出て行かれるより良いと考えるか、決然と米軍依存から脱するか、あなたの決断はどちらでしょう? わからない、は許されません。これはあなた自身の生き死にの問題であり、あなたにしか答えが出せないのです。もちろん、全体の決断がそれと同じとは限りませんが、一人ひとりの答えが決まった上で決を取るのが民主主義です。恐らく今までは、我々自身がこの問題について深く考え、決めるところまで行っていなかったから、そのプロセスのずっと手前で止まっていた。その意味でも、日本の自決を妨げていたのは我々自身だと言えます。そろそろ我々は自立した民主主義国家として、自らの決断に命がけの責任を負う覚悟を持つべきではないでしょうか。

現実を直視する

さて、ここから少し現実的な話をしましょう。前節でも書いたように、私は現時点で日米安保条約の見直し及び在日米軍の完全撤退が多数の支持を得るのは難しいと思っています。しかし、それでも敢えて掲げるのには二つの理由があります。一つは、今は支持を得られなくてもいずれ必ず得られる日が来ると信じているからで、そのためには誰かが勇気を持って言い出す必要があると考えているからです。ですから、これは言うなれば少し遠い大きな目標です。仮に私またはフェア党が支持を得たとしても、直ちにそれを実行できるとは限りません。それでは政治家、政党として逃げていると言われるかもしれませんが、これは選挙で選ばれた政治家や政党に一任できるような問題ではないのです。繰り返しになりますが、我々一人ひとりがまず答えを出すべき問題であり、その上で十分な国民的議

▼トップ10%の富裕層が全体の75%もの資産を持ち　https://www.statista.com/statistics/203961/wealth-distribution-for-the-us/

論を経て、本来であれば現行の国民投票法を改正した上で、国民投票にかけるような問題です。なぜなら、これは実質的に憲法より上の存在であるアメリカ合衆国からの自立であり、憲法改正と同等以上の手続きがあって然るべきだからです。ただ、憲法改正と大きく違うのは、これは我々だけの決断ではないということです。そしてそれが、私が敢えて今これを掲げるもう一つの理由です。日米安保条約も在日米軍も双方の合意に基づくものであり、アメリカが前者を更新しないと決めれば、議論どころではなくなります。それを恐れてビクビクしているようでは、あらゆる分野において対等な交渉は望めません。ですから、それでも良いと言い切れる覚悟が「今」必要なのです。覚悟とは、遠い目標だと高をくくることではなく、遠くても必ず実現するという強い意志のことです。それさえあれば、その実現が図らずも一気に近づいたとしても、喜びこそすれ恐れることではありません。それがあって初めて、恐らく私が本書で主張している様々な政策は実現できる。だから私も今、これを誤魔化すわけにはいかないのです。

ただ、今の段階では皆さんはこう思うかもしれません。確かに言っていることはわかるし、本書の内容にもほぼ賛同するが、そこだけはなるべく慎重にやって欲しいと。もちろん私もそう考えています。十分な時間と準備がないままの唐突な完全撤退となれば、日本の安全保障は著しく毀損する可能性があるからです。なるべくしっかりと時間をかけ、

1. 国民的コンセンサスに近い合意形成

2．単独防衛のための法制や装備の見直し

3．周辺諸国との関係改善と深化

などの環境整備を整えた上で実行するのがベストです。しかし、逆に言えば、それらに時間がかかるからこそ、今覚悟を決める必要があるとも言えます。これは逆転の発想です。「どちらが本当に在日米軍を撤退させたくないのか？」

　すでに述べた通り、ＣＩＡから自民党にお金が流れ続けたのは日米安保を通すためです。そして今だに駐留が続いているのは、それがアメリカの国益（少なくとも一部の支配層の利益）に合致するからです。そう考えると、本当に在日米軍を撤退させたくないのは日本ではなく、アメリカである可能性があります。もうしそうであれば、これはチキンゲームです。どちらが最後の一線をより恐れているか。もし日本がそこを最終的に突破する覚悟を持ち、その恐れを手放すことができれば、それは負けのないゲームになります。その覚悟で交渉を進めれば強気で押すことができる一方、最後の一線を餌に、必要な時間を稼げる可能性もあるからです。そして仮に最後の一線を突破しても、それが我々の望みであればそれも勝ちです。ですから、一見無謀に見えるようなこの方法こそ、実は一番現実的な方法だと私は考えています。このまま傀儡国家で居続けるしかないと思う人にとっては無謀で非現実的かもしれませんが、先にも述べたように、現実的とは現状からの変化量が小さいことではありません。いかに現状をあるがままに認識し、それを基に立案しているかであり、その意味で、従属し続け

ることが本当に現実的な安全策と言えるのかどうか？ 本書をお読みいただければ、安全とは軍事的衝突のみで脅かされるものではなく、金融や経済的な支配や搾取によっても大きく毀損することがわかっていただけたはずです。むしろ後者こそが本質であり、前者は単なる手段とも言える。手段とは、実際にそれを起こすことのみならず、起きるという幻想を植え付けることによってコントロールするという方法も含みます。正にそれが今の日本の現実を言い当てており、その現実を直視すれば、そこから脱却することこそが現実的な安全保障政策であり、ただ難しいという言い訳で現状を追認するのは、現実的と言うより現実逃避的と言うべきではないでしょうか。

真の安全保障戦略

もし我々が本当に在日米軍を撤退させるとなると、その後の防衛戦略はどう考えたら良いでしょう？ そもそも憲法第9条第2項において「戦力はこれを保持しない」としている日本が自衛のための軍隊を持つことの是非はどうなのか？ まずはそこから考える必要があります。私は現行憲法の第9条は、明らかに自衛のための軍隊すら持たないと宣言していると解釈しています。それは前文から通して読めば伝わってきますし、そもそも当時は自衛隊を持つことなど想定もしておらず、そんな解釈が入り込む余地は全くなかったと考えるのが自然だからです。歴史的経緯からしても、それが

GHQの発案だったにせよ幣原喜重郎の発案だったにせよ、前者であれば二度と日本が歯向かうことのないように永遠にその牙を抜くという意味で、後者であれば平和国家としての信頼を世界から勝ち取るという意味で、いずれの場合も少なくとも当初は完全非武装化を意図した条文であったと考えるのが自然です。そして何よりも重要なのは、国民がどう解釈したかです。当時は二度と戦争は御免だという国民感情が支配的であり、その中で圧倒的多数で可決され、多くの国民の支持を得た。それは、それが一切の戦力の保持を放棄する平和憲法と解釈されたからであり、吉田茂も国会でそう答弁しています。それから現行憲法は一字一句変わっていませんが、解釈は変わっている。おかしな話です。契約とは何に合意したかという双方の認識が本質なのに、それがいつの間にか解釈でずらされている。それでは何のための明文化なのでしょう？　そういうことが起こらないようにするためではないのでしょうか？

解釈を変えざるを得なくなったのは皆さんもご存知の通り、その後朝鮮戦争が始まり、日本を再軍備するとアメリカが決めたからです。GHQの司令により警察予備隊が組織され、それが自衛隊に改組されました。この時本来であれば、国民との当初の合意内容とは違うわけですから、きちんと憲法を改正する必要があったはずです。しかし、それができないと判断した、またはできないリスクを避けたかったから解釈で逃げたわけです。もちろんそれを決めたのは国民ではありません。国民に決めさせないための解釈変更だからです。つまり、日本の再軍備は上が決めた決定事項であり、その下にある日本国憲法や傀儡政権、さらにその下の日本国民の意思などに左右させられる問題ではなかったということです。この時点で悲しいかな、日本国憲法は日本の最高法規としての意味を失いました。日本という国が、国民と政府との合意（日本国憲法）に基づいて統治されているわけではないことがはっきりしたからです。にも関わらず我々はその真実に蓋をし、解釈変更というウソを受け入れ、いつの間にか疑問も持たなくなりました。自衛隊は違憲ではない、なぜなら憲法9条2項が自衛権を否定していなから、などという詭弁を弄して。憲法9条2項は戦力の保持そのものを否定しているのであって、自衛のためなら持てるなどとはどこにも書いてありません。銃刀法で銃器の所持を禁じているのに、生存権を否定していないから自衛のためなら持てるなどという屁理屈が通用しますか？　それと同じです。もちろん国際法も関係ありません。問われているのは我々の憲法であって、必要なら変えれば済む話ですから。

しかし我々はそれをせず、ただ何もしないことを続けてきました。またしても不作為の作為です。結局我々は自分たちで何も決めていないのです。憲法も自衛隊も解釈変更も、全て言われるがまま、なすがまま。その延長線上で集団的自衛権行使容認の解釈変更があったとしても、それは我々が招いたことです。30キロオーバーの速度違反が60キロオーバーになっただけで、速度違反を容認していることには変わりないのです。だから結局それにも慣れるだろうと高をくくられています。

この構図を根本的にひっくり返すには、やはり我々自身がこのウソを認めることです。これが我々の意思を無視するためのウソであったという経緯を直視しなければ、そのウソを作り出す存在が憲法の上にあることを認められないからです。そしてその存在を排除しない限り、我々は日本の主権者たり得ません。ですから、もし我々が主権者として日本国を動かすという、独立国として当たり前の統治をする意志があるなら、やはり居座り続けている占領軍を全面撤退させる以外ないのです。その上で改めて自国の軍隊による国防を選択するのであれば、堂々と憲法を改正し、それを満天下に知らしめれば良い。憲法とは本来そういうものです。自分たちが住みたい国の形のビジョンを明文化し、その通りに生きるための規範です。ですからそこにウソがあってはいけないのです。少なくともそれに従って生きる意志がなければ、存在意義そのものが失われるからです。

そういう目で改めて現行憲法を見直していかがでしょう？　私はそこに、自分が住みたい国の形が明文化されていると考えています。特に前文に掲げられた崇高な理念は、正に私がこの国に望むことであり、一字一句変えるべき箇所は見当たりません。残念ながら今は現状との齟齬が生じていますが、それを現状に合わせるのではなく、その理念を実現するために現状を変えて行くべきだと考えています。すなわち将来的に自衛隊を縮小し、最終的になくして行く方向性です。違憲状態というウソはすぐには解消されませんが、ウソを既成事実化するより、そのウソを認め、本来の約束に立ち返るという意志を今明確にすれば、再び憲法に命を吹き込むことができます。もちろん、それはあまりに無謀と考える人は今は多いでしょうから、十分な時間をかけます。というより、いやでも時間はかかるでしょう。国内の合意形成だけで数年かかりそうですし、そこから在日米軍の完全撤退までも数年かかるでしょう。自衛隊の段階的縮小はさらにその後、周辺諸国との関係改善や深化があっての話ですから、どれだけかかるかもわかりません。ただ、今その方向性を示すことが、将来的にそのプロセスの促進にも役立つはずです。最終的に日本の完全非武装化が目的だと理解されれば、極東に打ち込まれた在日米軍という楔を抜き取ることは周辺国にとっても共通の利益であり、その過程で日本が再軍国化する懸念を抱きにくくなるからです。そしてその方向で10年も外交努力を続ければ、世界も必ずその真意を理解し、賛同と共感の輪が広がるでしょう。そうすればもう我々は無敵、すなわち世界中に敵がいない状態であり、それが最上の安全保障戦略となります。皆さんも本当はそれを望んでいるのではないでしょうか？ これだけ多くの日本人が現行憲法を支持し、特に憲法9条を誇りに思う背景には、その理想を実現したいという強い思いが心の底にあるからではないでしょうか？ であれば、やるべきことは一つ。もう一度その理念に立ち返り、その実現に命をかける。それが世界平和の礎になると思えば、その価値は十分あるのではないでしょうか。

何のために生き、死ぬか

有名な『葉隠』の一節に「武士道と云うは死ぬことと見つけたり」という言葉があります。あれは戦って死ぬのが武士道であるという意味ではありません。いつでも正しい道のために死ぬ覚悟をしていれば、決して道を誤ることなく、長く仕えることができるという武士の心得を説いたものです。ですから、それは決して死を覚悟して戦えという意味ではなく、死の恐怖に負けて道を誤るな、という意味なのです。私がこんなことを書くのは、正に我々が死に恐怖して道を誤っているように見えるからです。

これは必ずしも日米安保条約や在日米軍だけの話ではありません。お金や経済のために、本来すべきことかどうかも問うことなく、それが生存に関わるからという理由で、我々はあまり疑問を持たずに行動するようになってはいないでしょうか？　特にこの数十年の「経済のため」という思考停止の呪文は強力で、我々はその仕事の本質を見極める以前に、ただ生存のために言われたことをやらされ続けているように見えます。しかし、本書でもずっと説いてきたように、そもそも何のための経済かという本質から考えれば、自ずとやるべきこととそうでないことは見えてくるものです。そしてその本質をさらに突き詰めれば、結局何のために生きるのか、という普遍的な問題に突き当たり、そこから発想すれば、正しい道も見えてくると思うのです。

そこで改めて問いますが、皆さんは今、何のために生きているでしょう？　その答えはそれぞれだと思いますが、少なくとも私は、人は生きるために生きるのではないと思っています。ただ生き延びるのが目的ではなく、限られた生の中で何をするかが大事だと。一人ひとりがそれを真剣に考え、自分の人生において大事なことを突き詰めれば、やはり同じ価値観を大事にする社会や国で暮らしたいと願うはずです。そういう個々の考えを集約したものが国家の方向性であり、それが国の形を作る。ですから、国の方向性やあるべき姿とは、誰か上の方の一部の権力者や、ましてや憲法の上に位置するアメリカが決めることではなく、我々一人ひとりが自分の生き方から発想して決めていくものだと思います。

同じように国家の安全保障も、私は個々人の生き方、死に方から発想すべきだと思います。単純に軍事力による安全保障と言いますが、ではあなたは自分が生き残るために人を殺しますか？ ということです。それは次元の違う話と言うかもしれませんが、同じ次元の話です。人を殺すのは人です。遠隔地からドローンで爆撃しても、目の前の人をナイフで刺し殺しても、それは変わりません。違う次元の話にしたがるのは、その本質を覆い隠し、どこか遠い出来事として切り離し、罪悪感と当事者意識を消さないと成立しない構図だからです。しかし、これはどこまで行っても、自分の身を守るために誰かを殺すか、自分ができなければ誰かにやらせるかという話です。それを人にやらせることの是非は、我々一人ひとりが自分自身に問うべきであり、もしそれが非であれば、覚悟を固める必要があります。すなわち、武力による国防は諦めるということです。そんな馬鹿なと言うかもしれませんが、どうして自分にできない殺人行為を誰かにやらせることができるのでしょう？ あなたにその権利があるとでも？ 我々がその本質から目を背けることが、この世から戦争をなくせない原因です。特に今はドローン技術や大量破壊兵器によって、ごく少ない人数で地球を何回も破壊できる力があり、ほとんどの人はそれに関わる必要はなく、それが軍事行為を他人事にしています。しかしそれが実は、我々をかつてないほど危険にしているのです。なぜなら、ごく一部の人たちの手にある大量破壊兵器が、ボタン一つで我々を破滅させられる状態で、静かにその銃口をこちらに向けているからです。つまり、大多数の我々の意図によることなく、ごく一部の人たちで過去の大戦を遥かに越える大量殺戮が行える、またはその危機を演出して我々をコントロールできるということです。

このどうしようもない状態から抜け出す第一歩は、それを他人事にしないことです。誰かに任せて自分は手を汚さない、でも命のやり取りをしてでも守ってくれ、という無責任な他人任せが、その暴力の外部化と肥大化を生み、時として暴走を許します。ですからそれを、自分にできないことは人にもやらせられない、また、自分がされたくないことはしないという等身大の自分事にすることによって、それを防ぐことができます。それでは軍事力による国防は成り立たないと言うかもしれませんが、正にその通りなのです。本来成り立たないものを無理やり他人事にして成り立たせていることが問題であって、人の道に外れているということです。

そして最終的に、このとてつもない長く暗い道の出口はたった一つしかありません。それは、人は必ず死ぬものと覚悟し、その恐怖を捨てることです。そうすれば生に執着するあまり道を誤ることはなくなります。正に武士道です。そんな覚悟はとても無理だと今は多くの人が言うかもしれませんが、いずれ真理に気づくでしょう。所詮暴力で命を守ることなどできないのです。我々はいずれ皆死ぬのですから。暴力で誰かを守るということは、それを使って誰が先に死ぬかを恣意的に決めるということであり、それは本来神の領域です。だからどの社会でも殺人は禁じられているのですが、自衛のための戦争なら許される。しかしそれで本当に自国民の命を救うかと言うと、それも怪しい話です。先の大戦でも多くの兵士が国を守るため、故郷の家族を守るために戦いましたが、それで失われた命に対してどれだけの命が救われたかと言えば、これはもう誰にもわからない話です。なぜなら、それは全て実現しなかった未来、つまり戦わなかったら何人が死んだかという想像との比較だからです。そして実際に我々がやったことと言えば、単に人を殺しただけです。たくさんたくさん殺し、殺され、同朋だけでも300万人以上の命を犠牲にし、日本軍が殺めた命はその数倍に上ると言われています。それが我々がやったことの全てです。

もし私の言うことがあまりに理想主義的で夢みたいだと言うなら、こう考えてみてください。現実的とは一体何でしょう？守らないと殺されるという仮定、つまりまだ起きていない未来を恐れて、殺す現実を作るということですか？仮に相手国から先制攻撃があったとしても、それに対して報復攻撃をすれば、これもやはりさらにやられる（現実的には起きていない）未来を恐れ、新たに殺す現実を作るということになります。その先にあるのは恐怖の連鎖、双方がさらに悲惨な未来に恐怖して血塗られた現実を作ります。これに対して私が主張することは、例えそれが儚い願望に過ぎなくても、人の善性を信じ、未来を信じ、少なくとも自らは誰も殺さない現実を作るということです。それを夢と言うなら、起きてもいない恐怖の想像はもっと悪い夢です。これは実際、どこまで行っても「今、殺すか、殺さないか」というシンプルな選択に尽きるのです。どんな状況になっても常にその選択です。今はそのずっと手前だから、抑止力などという詭弁が通用しますが、実際その段になれば、抑止力として蓄えられた強大な軍事力は、そのまま大きな恐怖として自らに返ってきます。その時にその恐怖に負けて相手を攻撃するか、恐怖を捨てて命を晒し、少なくとも自分は誰も殺さない現実を作るか。それは我々の生き方、死に方の問題です。もう一度問いますが、あなたはどう生き、死にたいですか？かつてガンジーはこう言いました。「私には死ぬべき大義はたくさんあるが、殺すべき大義は一つもない」と。私も全く同感です。多くの人がそう考えられるようになるまでまだ時間がかかるかもしれませんが、奇しくもアメリカ、ロシア、中国という核大国の真ん中に位置する唯一の被爆国で、憲法で一切の軍事力を放棄している国の民が、武士道の精神に従って正しい道を見出すようなことがあれば、それが世界の歴史を変えることになる。それが日本人としての生き方、死に方ではないかと私は考えます。

日本が果たすべき役割

今、地球は大きなパラダイムシフトの渦中にいます。本書で述べてきた財政、金融、経済の問題はそっくりそのまま、20世紀型のパラダイムから21世紀型のパラダイムへの転換で生じる軋みそのものです。同時にそれは、価値観をガラッと変えるためのアラーム（目覚まし）でもあるのです。ですから、ただそれを旧来の枠組みの中で直すということではなく、それをきっかけに旧来の枠組みを壊すことが必要で、その意味で既存の仕組みの中で成功している人や国による変革はなかなか期待できません。しかし、だからこそ日本の役割が大きいのです。すでに説明した通り、日本は世界一のお金持ち国です。つまり、今までの仕組みの中で、国家としては最も成功した国ということになります。我々国民はその恩恵をあまり受けていませんが、それを還元してもまだ余りある国富に恵まれている。

そして日本が今後、本当に大事な価値のために世界一の生産性を誇る国民を動かせば、当初は若干経常収支が赤字になったとしても、最終的にやはり大きな黒字を稼ぎ出してしまう可能性が高いと私は踏んでいます。そこで生まれた価値は必ず地球の未来のための技術や製品になるからです（もちろんその方向性を明確に出すことが先決ですが）。そうなれば、その黒字はもはや世界のために役立てるしかないと思います。アメリカ政府の赤字を補塡するために米国債を保有したり、利益のために人を幸せにしない企業に投資するのではなく、利益度外視で、フェアで平和な世界のために投資をする。投資とはお金のリターンを得ることではありません。投資するお金の本質は、我々の時間と労力の結晶であり、従来はやはりそれに匹敵する誰かの時間と労力プラス金利分を返してもらうのが当たり前でしたが、そうではなく、仮に何も返ってこなくても、それで世界がフェアで平和になれば、そのために我々の時間と労力が使われるのであれば本望、という考え方です。これもやはり前節でも述べた我々の生き方の問題であり、多くの皆さんがそんな生き方がしたいと願えば、それが結果的に日本のあり方になるということです。

もう少し具体的に話しましょう。ちょうど今（2018年8月現在）トルコの金融危機が問題になっています。トルコのエルドアン大統領が金利を低く下げようとするのに対し、トルコ国内に投資している外国人投資家がトルコリラとトルコ資産を売り浴びせている問題です。主要メディアや専門家たちもこぞって中央銀行の独立性が失われるなどの批判をしていますが、本書をここまでお読みの方はピンと来ると思います。エルドアン大統領が何と戦おうとしているのか。彼は「金利が諸悪の根源である」と明確に言い切っています。もちろんイスラム教が金利を禁じていることもその背景にありますが、要するに、金利という仕組みは、お金持ちをさらにお金持ちにするだけの仕組みであり、他の誰のためでもないのです。中央銀行の独立性も、インフレになるとお金の価値が落ち、お金持ちたちの力が落ちるから、そうならないよう金利を上げるという、ただそれだけのためにあります。インフレになっては市民が困るからと言いますが、それは木を見て森を見ない議論です。なぜなら、インフレになってお金の価値が落ちるということは、相対的に実体価値の重みが増し、それを作り出す労働者たちの力が増すからです。インフレになって人々がお金を信用しなくなれば、確かに不便になったり混乱したりするかもしれませんが、実体価値こそが富の本質であることが再認識されれば、本当に困るのはお金ばかり持っている人たちなのです。だから恐らくエルドアン大統領は、誰の側につくかという政治決断をしたのだと思います。単にお金でお金を増やそうとする外国人投資家の利益を高金利で守るか、インフレになったとしても実体価値を作り出す国内の労働者たちの利益を守るか。政治家として立つべき側は明らかです。ただ、一つだけ問題があります。ギリシャでもアルゼンチンでも同じ問題を抱えていましたが、トルコもやはり経常赤字の国なのです。経常赤字になるのは、自分たちで必要な外貨を稼げないからです。したがって、海外からの投資に頼らざるを得ません。しかし、今回のエルドアン大統領の低金利政策によって海外投資家が逃げれば、深刻な外貨不足に陥ります。それを確保するためにトルコリラを大量発行し、それを為替相場で売ってドルを買えば、トルコリラは急落し、しかも過剰流動性でハイパーインフレになる可能性が高いです。

そこで日本の出番です。彼らに必要なのは信頼できる外貨ですから、世界一の対外純資産という裏付けを持つ、世界一信頼できる円を、トルコ政府に提供すれば良いのです。もし私が日本の総理大臣だったら、直ちに10兆円の円借款を無利子でトルコ政府に提供します。トルコの経常赤字は年間400〜500億ドル（4〜5兆円）ぐらいですから、それで2年ぐらいの赤字は補填できるでしょう。そしてそれは日本にとっても悪いことではありません。ドル／円の為替相場が円安に振れれば輸出企業は喜びますし、もしそれを防ぎたかったら日本のドル資産を売り、トルコ資産を買えば、ドルの頭を抑えることができます。そしてそれは紙くず寸前のドル資産を世界一持っている日本にとって、リスクヘッジ（回避）という意味で効果的な投資戦略のはずです。数年後にトルコ経済が回復する可能性を考えれば、ドル資産だけを持っているよりも遥かに有望でしょう。しかし、大事なのは投資リターンではないのです。これは日本が他国に投資してお金儲けをする話ではありません。世界中の人々がこれから直面するグローバル金融資本家たちとの戦いを、いかに支援するかという話です。エルドアン大統領の戦いは正にそれなのです。そしてそれに日本が手を貸せば、同じようにグローバル金融資本家たちに搾取されている国々の人々が後に続こうとするでしょう。これはもはや金融植民地主義との戦いです。そこで力を発揮するのが、同じお金の力を手にした善意の白馬の騎士（ホワイト・ナイト）です。日本こそがその役目を果たし、国際決済通貨を円またはドルで提供する。同時に日本が率先して借金でお金を発行する仕組みを変え、世界に範を示す。そうすればそれがこのパラダイムシフトを加速させ、世界を変えることになると私は考えています。

ただ、そのためにはやはり米国政府との関係性を根本的に変えることが必須なのです。少なくとも米国債を売るか、在日米軍を完全に撤退させるか、二者択一を迫るぐらいの度胸が必要です。つまり、我々がその勇気と覚悟を持つことは、我々のためだけではなく、世界の人々にとって重要なことなのです。しかし、残念ながら余り時間の猶予はありません。力の源となる我々の国富が、どんどんと切り取られているからです。

もはや一刻の猶予もない

本書の冒頭で、私は日本が世界一のお金持ち国であると述べました。その根拠は日本が世界一の対外純資産を持つからです。その額、実に３４９兆円相当と述べましたが、最新の報道では少し数字が減りました。２０１８年5月26日付けの朝日新聞によると、２０１７年末の財務省発表の日本の対外資産は過去最大の１０１２兆円に対し、対外債務は６８３兆円と報じられています。対外資産は日本が世界に投資している（貸している）金額、対外負債は世界から投資を受けている（借りている）金額で、その差額３２９兆円が対外純資産、つまり貸している額が借りている額より世界一多い国ということです。

しかし、ここで注意しなければならないのは、対外資産は外貨であるのに対し、対外負債は円だという点です。つまり、日本が世界に投資する時には外貨を投資するわけで、1012兆円の対外資産は約10兆ドルの外貨資産です。逆に海外投資家が日本に投資する際は日本の資産を持ちますから、それは683兆円の円資産です。現在、ドル／円の為替レートが100円そこそこなので10兆ドルは1000兆円に換算されますが、もしドル／円の為替レートが70円になったらどうでしょう？ 10兆ドルの資産は700兆円に換算され、683兆円の対外負債はそのままですから、対外純資産はほとんどなくなってしまいます。もしドル／円の為替レートが50円にでもなれば、対外純資産どころか対外純負債になります。すでに説明した通り、アメリカ合衆国が世界一の借金大国であり、ドルの実力が実質紙くずに近いことを考えれば、これは由々しき問題です。

我々がこんな状況に陥っているのも、意図的かどうかは別にして、とんでもない売国政策を続けているからです。稼いだ黒字をほとんど米国債に投資する一方、言われるがままに市場を開放し、公営サービスを民営化し、土地も株も買われ放題。さらにアベノミクスのような愚策で異次元の金融緩和をすれば、行き場をなくした円がドル転され、より金利の高い米国資産に流れる一方で、売られた円は国内に残り、それを外国人投資家が買い、さらに日本の資産を買い漁る。そして我々は知らず知らずのうちに他人のボロ家を買い、自分の豪邸を乗っ取られるのです。だから過去最大の対外資産を持ちつつも、対外負債も過去最大となっている。これは恐らく意図的に行われています。日本人を嵌めようとする力が確実に働いていて、恐らく現政権はその意のままに動いている。戦後のＧＨＱからＣＩＡ、自民党一党支配の経緯を考えれば、そう解釈してもおかしくありません。ですから我々は急ぐ必要があります。事態は刻一刻と悪化しているからです。いかに早く我々がこの状況を理解し、勇気を持ってそこから脱するか。我々日本人と世界中の人々の未来がそれにかかっています。一刻も早く戦いを始めましょう。

第十章　日本の政治状況と取るべき戦略

人々の認識という巨大な壁

本書で私が主張した内容を、では一体どうやって実現するのかと問われれば、やはり政権を取るしかないと答える他ありません。それがいかに難しいことなのか、わかっている人からすればとんでもないことかもしれませんが、そんなことを言っていても始まりません。千里の道も一歩からです。無理だと言って何も始めなければ永遠に無理ですが、何か始めればそこから見えて来るものもあります。その意味で私が、前回（２０１７年10月）の第48回衆議院選挙に神奈川８区から出馬したことは、少なくともその難しさを少しでも実感できたという点で、それなりに意味のあることでした。もちろん供託金と選挙資金合わせて約６５０万円は高い授業料でしたが。

私があれで理解したことは、まず、いかに日本の選挙が本質から外れているかということです。前回の衆議院選挙の投票日は、解散がほぼ決まってから約１ヶ月後でした。そして選挙期間は14日間。その間に政策、理念、人物を知ってもらうのはほぼ不可能です。区内の有権者は40万人もいるのですから。もちろん、私は２０１６年の２月１日からほぼ毎日区内の駅前に立ち、１年８ヶ月の街頭活動をした上での立候補でしたが、それでも私の政策、理念、人物を有権者に知ってもらうまでには到底至りませんでした。また、有権者も選挙以外の時期にはほとんど関心を持っていないようでした。そしてもう一つ、では有権者は何によって判断するかというと、ほとんどがマスコミ報道であることもわかりました。私が1年8ヶ月街頭活動をしていた時は、これも制度上の問題で自分の名前のノボリは一切掲示できず、フェア党のノボリのみを立て、政治団体としての政治活動しか許されませんでした。それはそれで良いのですが、恐らくその間延べ百万人単位の人がフェア党のノボリを目にし、選挙の時も当然フェア党の大西つねきとして運動していましたが、フェア党という見たことも聞いたこともない政治団体の名前は、マイナスにこそなれ、プラスになることはなかったようです。知らないものは怪しいと警戒されるのが関の山だったということだと思います。

これと対象的だったのは希望の党と立憲民主党です。希望の党は解散直前に結党し、立憲民主党に至っては解散後に結党し、共に衆議院選の目玉になりました。それまで影も形もなかった政党、つまり、理念も政策も何もなかった政党ですが、マスメディアがそれを選択肢として報じた結果、人々がそれを選択肢として認識したということです。確かに国会議員の数を揃え、政党要件を満たしました。つまり国民の負託を受けた国会議員が一定数以上そこに参加する判断をした。その意味では、それを尊重するのは、形式的には正しいかもしれません。ただ、そこにどれだけの本質があるのでしょう？　その国会議員たちのそれ以前の思想や行動、所属していた政党の理念や政策との整合性や、新しい政党の理念や政策の中身などの本質がどれだけ吟味され、判断された上で選択肢として認識されたのでしょうか？　それともマスメディア報道によって選択肢として認定され、単にそれを鵜呑みにしただけなのでしょうか？

誤解していただきたくないのは、私はそれを批判したいわけでも、変えようと思ってもいないということです。そんなことをしても勝てません。今の仕組みや人々の認識を変えるにしても、やはり与えられた状況の中でまず勝たなければ。全てはその後のことです。もちろん本書で私が述べている政策も全て、勝った後での話です。特にお金の発行の仕組みを変えるなどという人類の歴史を変えるような大変革は、人々の圧倒的な支持を得て勝つぐらいでないと致底無理です。それを敢えてやろうと私が皆さんに言うからには、今の状況を冷静に受け止め、変革の妨げになるものの正体を探り当て、それに応じた戦略を立てるぐらいのことは当然です。それが有効かどうかはやってみなければわかりませんが、私は今、次のような戦略を考えています。

まず、私が最大の障害になると考えているのは、前回の衆議院選でも痛感した通り、人々の認識という巨大な壁です。それは当たり前の壁、思考停止の壁、判断の依存という壁。これは選挙の時に選択肢として認識されるか否かの問題に限らず、我々が変えようとする金融資本主義、お金の発行の仕組み、対米従属などの問題全てに対してそそり立っている壁です。それらを当たり前の現実として受け入れ、端からそれを問うことはせず、なぜそうなっているかにもあまり関心のない人が大多数を占めています。残念ながらそういう人たちは、新しい意見や主張に関しても、その判断を専門家やマスメディアに委ねます。そして、そういう人たちの認識を変えない限り多数は取れないのです。さて、どうしたものでしょう？

前回の衆議院選挙で私が間違っていたのは、一人ひとりに語りかけることによって、その認識の壁を壊せると思っていたことです。それこそ私が街頭で直接語り続けることによって、それを壊すぐらいの勢いで。しかしそれは大きな間違いでした。この壁は1人では絶対に壊せませんし、そもそも壊すものでもなかったのです。それは壊すのではなく、投影すべき壁だと今は思っています。考えてもみてください。他人に判断を委ね、自分であまり考えず、当たり前を受け入れる人たちは、恐らくそれが心地良いのです。そういう人たちに対し、自分で考えて当たり前を壊せと言っても、それはストレスでしかありません。長期的にそうなるのが理想だとしても、急ぎ強要できるものではないのです。ですから、それを無理矢理変えようとするよりも、普段から自分で考え、判断し、当たり前を疑う習慣のある人たちに働きかけ、その人たちが考えを変えれば、それが多くの人に投影される。そう考えて行動するのが一番成功率が高いと私は考えを変えました。最初は時間がかかるかもしれませんが、その壁が広く巨大であればあるほど、変わる時には恐らく一気です。なぜなら、そこに投影される光を発する人たちは、それほど多くないからです。それは本書を手に取ってくださる皆さんのような方々で、少ないながらも新しい考えに柔軟で、当たり前を疑い、自ら判断する習慣がある人々。これは優劣でも善悪でもなく、そういう行動様式を持っている人が少数派であるのは、これは恐らく自然の摂理なのです。ですから、壁は壊すより映せ。それがより自然で成功の確率が高い方法だと、私は今は考えています。

どの選挙でどう戦うか？

マーケティングの観点から考えてみましょう。キャズム理論というマーケティング理論があります。キャズム理論とは、何かが普及する時に、段階ごとにどの層の人々がどれだけ動くかを示した曲線で、その途中にキャズム（深い溝）が発生する段階があるという理論です（図14）。

もう少し詳しく説明すると、キャズム理論では普及の段階で動く層を早い順に「イノベーター（2・5％）」、「アーリーアダプター（13・5％）」、「アーリーマジョリティー（34・0％）」、「レイトマジョリティー（34・0％）」、「ラガード（16・0％）」の5層に分けています。イノベーターとは、既存の枠組みに全く囚われることなく、新しい発想で新しいものを作り出すことができる、またはそのようなものを受け入れる主体性を持つ層です。アーリーアダプターは流行に敏感で、初期段階にある新しい価値を評価し、それを伝える力のあるインフルエンサー層です。アーリーマジョリティーは実利層と言われ、周りの動向を見ながら、その新しい価値が一過性か時代の趨勢かを判断します。レイトマジョリティーは実績重視で、標準化されるまで手を出さない保守層です。ラガードは無関心層で、恐らく変化を強制される段階まで動かない層です。そしてキャズム（深い溝）はアーリーアダプターとアーリーマジョリティーの間に大きく空いているとされています。つまり、イノベーター（2・

■図14:キャズム理論

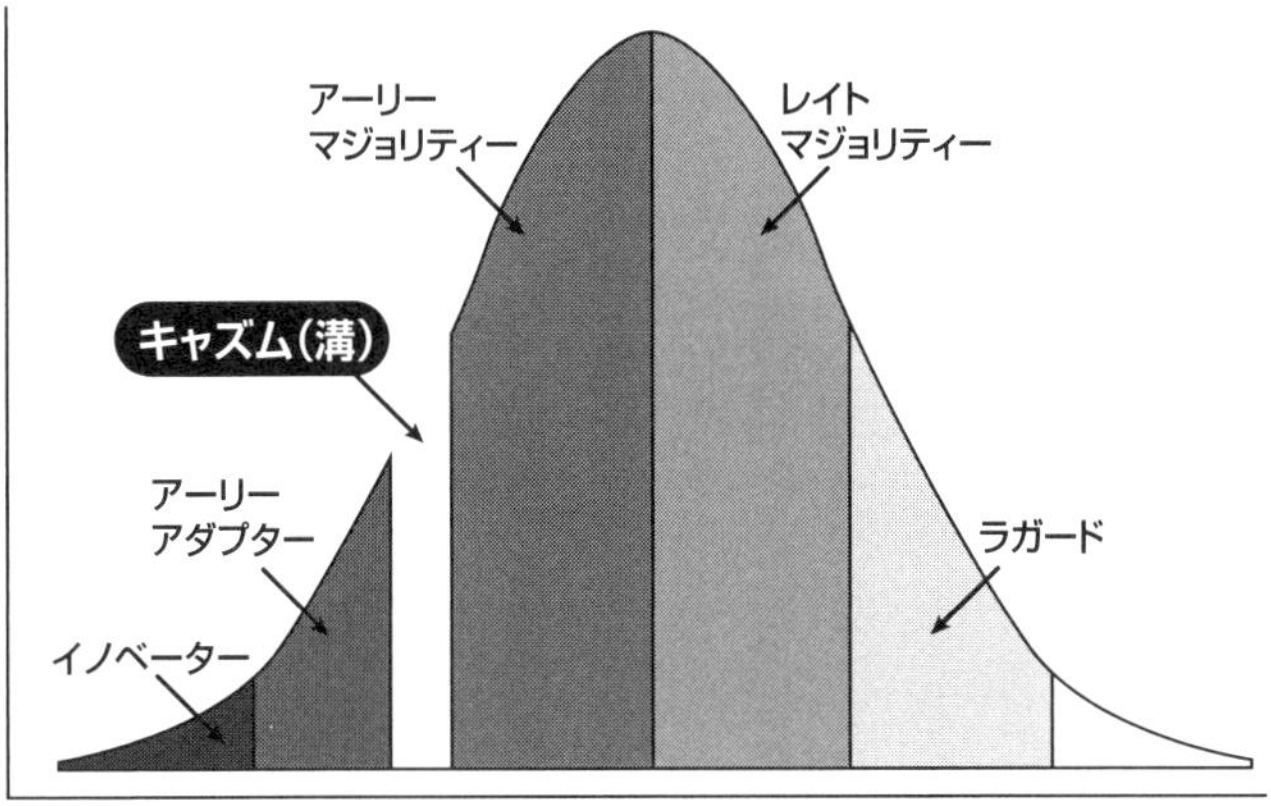

5％）とアーリーアダプター（13・5％）の合計16・0％を超え、アーリーマジョリティーにまで到達するのがとても難しいという理論です。

さて、選挙に話を戻しましょう。私が前回の衆議院選挙で得た得票数はわずか5518票でした。そもそもどれだけ主張を知ってもらえたかという疑問はありますが、有効投票数の約2％でした。私が出た神奈川8区の有権者数は約40万人、有効投票数が約25万票、当選圏は大体10万票（比例復活を考慮しない一位当選の場合）でした。つまり有効投票数の40％、有権者全体の25％が必要だったということです。これをキャズム理論で考えると、私はせいぜいイノベーター層に留まる一方、衆議院の小選挙区で当選するには、少なくともキャズムを超え、アーリーマジョリティーの半分ぐらいまで食い込む必要があります。もちろんそれはその層の票を全て取った場合の話で、実際はもっと浸透する必要があるということです。

そして、それは恐らくマスメディアに報道されないと極めて難しい数字であり、新興政治勢力が台頭する場としては適さないと考えられます。つまり、私の前回の衆議院選への出馬は、恐らく戦略的に問違っていたのです。

ではどうしたら良いか？　国政選挙に限って言えば、参議院選挙の比例区（全国）においては可能性があるかもしれません。参議院選の比例区（全国）であれば、例えば10人の名簿を作り、全国で100万票を集めれば1人の当選が見込めます。もちろん小選挙区の10倍の得票数ですから並大抵のことではありませんが、それでも全国有権者数約1億人のうちの約1％、有効投票数60％としてその約1・8％です。層で言えばイノベーター層の中で収まる割合です。得票数で考えると大変な数字ですが、統計的に全く新しい無名の政党や政治家に投票できる人の割合はとても低いということを踏まえれば、そちらの方が戦略的に正しいと言えるかも知れません。

ただ、やはり一番堅実と思われる方法は、地道に地方選から積み上げることです。これはイタリアの五つ星運動▼がやったこととも共通しますが、日本で年間2000余りある地方選から候補者を出し、確実に勝ちを積み重ねることによってフェア党のプレゼンスを高めていく方法です。地方選であれば定員割れの場合もありますし、そうでなくても当選者よりも落選者の方が少ない場合が多いです。ですから比較的当選確率は高いのです。ただ、だからこそ無所属も多く、政党の支援がなくても当選できるため、敢えて政党色を嫌ってそうする場合が多いです。しかし、それでは国政につながりません。政治団体の旗を掲げて地方選に勝たないと、いつまで経っても正体不明の政治団体に過ぎないからです。逆にそこで地道に勝ちを重ねれば、報道される確率も高まりますし、そうでなくても人の目に止まる機会が増えます。そして何よりも実戦経験が積めます。地方選と国政選挙では、エリアや規模こそ違えど、ポスター掲示から実際の選挙活動までやることは変わりません。その経験を踏まずに国政だけ戦っても、初心者マークでF1に出るようなものです。結局、地方選で政党色を嫌えば嫌うほど、国政でその嫌いな既存政党に叩きのめされることになります。ですから、今こそ真正面から政治に向き合い、真剣にゼロから政党を育てる忍耐と覚悟が必要です。イタリアの五つ星運動もそこからスタートして、今やイタリアの第一党です。

ちょうど来年（2019年）4月に統一地方選があります。ここで1000を越える地方選が行われ、万人単位の候補者が出るでしょう。その多くは無所属かもしれませんが、もしその理由が既存政党に対するアンチテーゼなのであれば、しっぺ返しはその無党派層に返ってきます。そこでいくら勝っても、政党としてのまとまりがなければ、国政で既存政党、ましてや与党を脅かす存在ではないからです。先程のキャズム理論を思い出してください。地方選挙では一部のイノベーターやアーリーアダプターの尽力で勝てるかもしれませんが、国政選挙、特に衆議院選挙ではそうは行きません。前者は例えば30人出馬して20人当選するような選挙が多いですが、後者において小選挙区で当選するのは1人だけです。実利的なアーリーマジョリティーや標準化を前提とするレイトマジョリティーがその1人を選ぶのに、無所属や、地方選挙でも実績のない政治団体所属の候補者の名前を書く確率は高く

▼五つ星運動　2009年結党の政治団体。2012年に自治体の首長を複数選出、同年南部シチリア州議会で過半数を獲得し、2018年3月の総選挙では第一党に躍り出た。

ありません。やはりそこに、国政政党として一本筋の通ったビジョンという「本質」と、少なくともその旗を掲げる「形」としての船がなければ、実利も標準化も見越せないのではないでしょうか？

結局、既存の政党を嫌うあまり、それを避ける地方選ばかりをしていれば、国政では大嫌いな政党にやられっ放しになるということです。地方選は国政選のステップではありませんが、確実につながっており、同じ有権者に対してのアピールになります。ですから、もし国政で既存政党から脱却したければ、単に無所属へ逃げるのではなく、敢えて政党の塊を作り、地方選からその旗を掲げて戦う覚悟が必要です。その実戦経験が必ず血となり肉となるからです。ですから、来年の地方選、願わくは多くの同志がこのフェア党の旗を掲げ、一緒に戦ってくれることを望みます。本書はその旗を掲げる船の存在を知らしめるためのものでもあります。

インターネット時代のメディア戦略

さて、少し整理をしましょう。最終的にフェア党が政権を取るところまで行くには、やはりマスメディアの力が必要です。政党要件を満たした国政政党として報道されることはもちろん、政権交代可能な政党として扱われるところまで行かなければ、他人の判断を参考にする大勢の人たちに選択肢とは認知されないからです。ただ、その最終段階までは、マスメディアの力は一切使えないと思って戦略を立てる必要があります。つまり、他のメディアをいかに使うかが重要です。

地方選は実は一つのメディアでもあります。その時は少なくとも地域で注目が高まり、立候補して政党の旗を立てて戦えば、それなりに認知されます。それこそ統一地方選の全選挙で旗を立てられればそれだけで大ニュースですが、もっと遥かに少なくてもプラスはプラスです。もし当選すればそれも報道されますし、その後も議員本人がメディアになります。名刺やチラシ、ウェブサイトに党名を載せ、支持者もそれを認識する機会が大幅に増えます。

また、街頭演説も一つのメディアだと思います。毎日街頭に立てば、それだけで人々の目に触れるわけですから。ただ、私自身衆議院選前に1年8ヶ月間立ち続けた経験から言うと、あまり有効なメディアではないと思います。というより、本質的なメディアではない、といった方が正確です。話を聞いていただける確率はかなり低いですし、そこから対話に発展したり、後で詳細を調べる労を取る人の割合も少ないため、本書にあるような、本当に伝えたいことまでたどり着く可能性が低いからです。

そう考えた時に、やはり最も有効なメディアはインターネットだと思います。ただ、単にインターネットに情報を載せれば良いということではありません。それだけだと山奥の看板に過ぎず、誰も見に来てはくれません。インターネットは情報を運ぶただのプラットフォームですから、そこに継続性のある発信者と受信者の塊、すなわちコミュニティーがあって初めてメディア化します。本来、マスメディアも同じだったのです。テレビやラジオ、新聞、雑誌というプラットフォームがあり、発信者と受信者の継続的なコミュニティーが存在していました。しかし、例えば新聞、雑誌が売れなくなったり、テレビに課される様々な制約によって、そのコミュニティーが希薄化している。忙しい現代人にとって、決まった時間にテレビを見たり録画したりすることは不便過ぎますし、自主規制で骨抜きにされたぬるいコンテンツも魅力を失っています。一方で、インターネットでは法に触れない限り自由にいつでも情報を発信でき、受信者もいつでもどこからでもそれを受信することができる。自由でコストも無料に近いため、あらゆる種類の発信がそこにあり、アーカイブ性と検索性に優れるため、膨大にストアされたロングテール（それぞれのマーケットが小さくても多様な）コンテンツの中から、いつでも何かがブレークする可能性を秘めている。その中で、もうすでに多くの発信者が自分のコミュニティーを持ち、自身のメディア化を果たしています。既存のメディアで露出する著名人はもとより、そうでない一般の方でも数万人規模のフォロワーを持つ発信者はたくさんいます。こうなるともう、主導権は完全にそちらに移りつつあると言っても良いでしょう。遠からずマスメディアはインターネットメディアの後追いメディアとなります。インターネット上の全てのコミュニティーに属する延べ人数を合わせると、恐らく日本の人口を軽く越えるでしょうし、そのリアルタイム性、双方向性や共感性により、情報の拡散速度も既存のメディアを遥かに凌駕するからです。

そう考えた時に、我々の戦略は明らかに思えます。新聞、テレビなどのマスメディアには最終的には必ず載る必要がありますが、それを後追いメディアによる最終仕上げと捉えれば、今ターゲットにすべきメディアは個人です。すなわち自分のコミュニティーを持つインフルエンサーたち。その人たちにいかに情報を届けるかが喫緊の課題でしょう。やり方としては、私や皆さんがひたすら情報を投げ続け、アンテナに引っかかるのを待つ。もし引っかかってくれれば、フェア党や私のサイト、動画チャンネルや著書、ＤＶＤなどのコンテンツアーカイブに誘導する。そこで共感してくれれば、自分のコミュニティーで拡散してくれるかもしれませんし、そこで受信した人がまた発信者として拡散してくれるかもしれません。それがどのぐらい奏功するか、どのぐらいの広がりを見せるのかは誰にもわかりませんが、少なくとも私が発信している内容がいつか必ず多くの人が理解する本質なのであれば、全ては最終的に理解されるまでの過程の一つとなります。つまり、時間の問題でしょう。ですからもし本書の内容にご賛同いただけたなら、その内容の周知拡散にご協力下さい。

２０１９年の参議院選に向けて

ご存知の通り、一番近い国政選挙は２０１９年の参議院選挙です。もしかしたらそこで解散、衆参同時選挙の可能性もあるのかもしれませんが、衆議院選挙の難しさはすでに述べた通りです。マジョリティー層まで認知されていなければ勝ち目はないでしょうし、今から来年の7月までにそれをするのは少し無理があります。それよりももう少し確率の高い戦い方があるとすれば、先程も述べた通り、参議院選挙で10人の比例名簿（全国）を作ることです。もちろんそれは簡単なことではなく、供託金だけでも1人6000万円×10人分＝6000万円を集めなければなりませんし、何よりも戦える支持層を作る必要があります。ただ、その意味では、前節で書いたネット戦略が功を奏する可能性があります。比例区であれば日本全国どこからでも投票できますし、必要なのはフェア党の名前と理念、政策の認知だけです。そしてそこに我々の最大の強みがあります。我々の最大の強みは、既存の政治家や政党が思いも及ばないほど根本的な解決の方向性を持っていることです。それは既存の枠組みや過去の成功体験からの発想ではなく、もっと大きな世界的な歴史の流れの中で、どんな変革が起ころうとしているのかという大局に基づいた方向性であり、それは恐らく世界中の人々の心に芽生えつつある願望です。ですから、それを言語化し、認知が進んでいけば、意識下にあった思いが次々と概念化し、多くの人がそれを意識するようになります。モヤモヤとした思いに言葉が与えられると、それは一種のカタルシスになります。もし本書をお読みのあなたが我が意を得たりと心躍らせているとすれば、それは無意識にあった共通する思いを私が言語化したからであり、同じ思いを共有する多くの人が同じように心躍らせることでしょう。そうすれば有権者の1％の票を参議院の比例区で獲得することも不可能ではないはずです。そしてこれは必ずしも短期的な勝ち負けだけの戦いではないのです。いずれ必ず起きる大きな変化を起こすための戦いであり、仮に来年100万票を取れなかったとしても、そこまでに起きる全てのことは必要なプロセスであり、無駄になることは一つもありません。そして、もし100万票以上取って1人でも当選させるようなことがあれば、それは非常に大きな一歩になります。もちろん報道もされますし、なぜ全く無名の政治団体が100万票も集めたかという点に注目が集まるでしょう。そうなればもうこちらのものです。フェア党の理念、政策に注目が集まれば、それがいかに本質的で時代を先取りしているかがわかるでしょう。そうすれば一気に対立軸が変わります。与党か野党かではなく、20世紀型の既成政党か、21世紀型のフェア党かに。後は時間の問題です。世界規模のパラダイムシフトはもう始まっているのです、皆さん一人ひとりの心の中で。ですからその思いに言葉さえ与えられれば、それに気づく人が増え、いつの間にか世界は変わっている。今度の参議院選は、それを促進するための大きなチャンスかもしれません。是非、皆さんの力をフェア党に集めてください。一緒に日本から世界を変えましょう！

おわりに

さて、本書の最後に、私は改めて皆さんに伺いたいと思います。「皆さんはどんな総理大臣を望んでいるでしょう？」。誰を？ではなく、今、その職に就く人やその職でなされるべきことの本質は何か？という問いかけです。私は本書を通じて、それを皆さんに問い続けたつもりです。自分の考えを述べることによって、それに対するご自身の意見を確かめていただく形で。

今という時代、私は本当に大きな変革が求められていると思います。この30年以上、いや、もしかしたら戦後70年以上、何ら本質的な変革を自ら起こそうとしないまま流され続けてきた我々が、世界を飲み込む大きな時代の流れの中で、根本的な変革を迫られている。高度経済成長からバブル発生と崩壊、その後の長期デフレ、これらは全て今までの景気循環の一環と捉えられてきた節がありますが、実際はそうではなく、20世紀を支配してきた拡大生産、拡大消費を目的とする金融資本主義が壮大な終わりを告げ、21世紀の新しいパラダイムに転換するための軋みであることはもはや明らかです。それは世界各地で、その末期症状が次々に発症していることからもわかります。我々が今本当に起こさなければいけない変革とは、地球全体を脅かす今の金融システムを世界規模で変えることであり、日本の変革もその脈絡の中で模索されるべきものです。しかし残念ながら、日本の政財界は相変わらず古い仕組みと思い込みの中で堂々巡りを続け、その問題意識はほぼ皆無です。それは既成政党がどれ一つとして通貨発行の仕組みの問題に言及していないことからもわかります。一方、世界ではそれを変えようとする動きが顕在化しています。例えばスイスでは、今年6月に民間銀行の信用創造を止めるための国民投票が行われました。また、ヨーロッパを中心に、私が知る限り少なくとも25ヶ国で通貨発行の仕組みを変えようとする団体が立ち上がっています。翻って日本は、相変わらず狭いコップの中での権力闘争に終始しています。皆さんはもうウンザリしているはずです。なぜなら、皆さんの方がよくわかっているからです、何かを根本的に変えなければならないと。しかしその方向性を明確に示してくれる政党も政治家もいないから大多数が支持政党なし。そう考えると今、皆さんが日本の総理大臣に望んでいることは明らかに思えます。それは、このどうしようもない閉塞を粉々に打ち砕き、新しい時代への扉を開く変革者の役割。

だとすると、我々は少し困った状況です。なぜなら本来、総理大臣の仕事は変革を起こすことではないからです。それは行政府のトップであり、法律に従って、つまり今まで決められたことを忠実に守り、誠実に行政業務を執行することが仕事です。逆に法律を変え、制度を変えるのは国会議員の仕事、ひいては彼らを選ぶ我々の仕事です。ですから、我々が変わらないことには変革は起きない。そもそも我々が変わらないことには新しいタイプの総理大臣も誕生しない。つまり、総理大臣に変革を求めることは本末転倒なのです。それは、我々が変わらなければ得られないリーダーに、我々を変えてもらおうと期待するようなもので、一種のパラドックスです。

では、一体どうしたら良いのでしょう? 私は敢えて、そのパラドックスに従って考えることにしました。恐らく、人々がリーダーを求めることは本質的に間違っていないのです。なぜなら、大きな変革には必ずリーダーが必要だからです。大きな変革とは今までの当たり前を壊すことであり、それができるのは異端者だけです。その異端者が異端の考えを広める。つまり、当初は圧倒的に少数の人たちがその他大勢を引っ張っていく（リードする）以外の方法はありません。それには強い信念を持ったリーダーが不可欠です。特に初期は、賛同者の少ない孤独な戦いになりますから。

一方、総理大臣にその役割を求めるのも、制度的には筋違いかもしれませんが、今の日本の政治状況からするとありがちな一般認識です。本来なら、もっと身近なレベルの政治参加から始め、そのずっと先に自分たちの総理大臣の誕生があるのですが、ほとんどの人が政治に関わりたがりません。それは、一つにはその間（日々の政治参加から総理大臣選出まで）のプロセスがつながっているように思えないことと、そのプロセスをつなげる忍耐力（時間的、金銭的、精神的な余裕も含めて）が人々にないことが原因だと思われます。甚だ残念なことですが、それを批判したり、政治参加を強要しても何も変わりません。であれば、最初からそのプロセスをすっ飛ばし、自分たちの変革のリーダーをいきなり総理候補として新たな政治運動を起こせば、むしろ早いと考えました。もちろん、それは従来の手続きではなく、可能性は限りなく低いかもしれません。でも、手がないわけではない。そして、その中心にある考えやその提唱者の中に、人々が本当に行きたくなるような未来のビジョンがあれば、皆さんがワクワクして参加したくなり、それが何よりの大きな力になるのではないか、と。私はその、皆さん一人ひとりの心が導く力を信じることにしました。

後はもう、極めてシンプルです。私は自分にできることとして、全精力をかけて、自分の考えを言葉にするだけです。そこには何の気負いもてらいも必要なく、ただ思った通りのことを、なるべくわかりやすく伝えるだけ。なぜなら、問題は私が正しいかどうかではなく、皆さんが、あなた方一人ひとりがどう思うかだけだからです。全てはその選択の問題であり、私はそこで使われる可能性のある素材、道具でしかありません。ただ、冷静に考えて、特に本書の内容を実行するのであれば、最適に近い素材である自負はあります。これらを臨機応変に実行するには、金利、為替、資本などのあらゆる市場の相場動向や投資家動向を読む能力と、広範囲にわたる影響を勘案する視野が必要だからです。それに足る経験とセンスを持つ人間は、恐らく日本に1000人もいないでしょう。その中で、金融や経済の本質について、従来の枠組みを壊して考えられる人間はもっと少ない。さらにその本質を人々に伝える言葉を持つ人間となると、もうあまり残っていないと思われます。そして最も重要なのは、この考えを心の底から信じ、その実行に自らの存在意義をかける強い信念。それがなければ、恐らく途中で簡単に潰されてしまうでしょう。そう考えると、その実行も含めての素材として自分を晒すしかないだろうと思いました。そして、本気で日本、いや世界を変える運動を作るのであれば、そのぐらいの構えは当然必要だとも。

私は、パワーとは集めるものではなく、自ら発して返った力を倍化するものだと考えています。ですから、その構えを固めて発しなければ、恐らく誰も返してくれないでしょうし、返ってきた力をさらに大きくすることもできない。ですからこの本のタイトルは、その構えを正面から固め、全身全霊を込めてメッセージを発するためのものです。後はそれを受けたあなた自身が、自らのパワーを何に向けてどう発するか。それはもちろんあなた自身の自由で、それがこの世の素晴らしいところですが、そんな自由な皆さん一人ひとりの力が織りなす新しい世界を、私はただただ楽しみにしています。

資料

フェア党理念（２０１５年5月19日）

フェア党は、以下の理念に従い、よりフェアな社会を作るために活動する。

一、フェアである社会

我々が暮らす社会は、人種や国境、さらには生物種、時間の枠を越え、全ての命に対してフェアでなければならない。我々は将来生まれ来るいかなる命に対してもフェアである責任を負う。我々の社会の仕組みを決める際、我々は常に広くこのフェアの概念を適用し、それに従って判断、議論しなければならない。判断に迷ったらいつでもこの理念に立ち戻り、その状況における「フェアとは？」という問いから始めるべきである。

一、個人が自由で自立した社会

我々は常に個人として自由に考え、判断し、行動しなければならない。それは自由であると同時に責任である。何故なら、時として体制が生みだす不正義、アンフェア、誤った方向性に異を唱え、新しい方向性を与えうるのは、個人の自由な心に基づく判断、行動であり、それは社会の最も重要な自浄機能であるからである。物言わぬ個人はファシズムを育て、自由民主主義を殺す。よって我々は不断の努力によってその責任を全うしなければならない。個人の自由は公共の秩序や公益に優先し、他者の権利（公共の福祉）を侵害する場合にのみ制限されるものとする。

一、持続可能な社会

将来にわたって生まれ来る全ての命に対してフェアであるためには、持続可能な社会でなければならない。持続不可能な社会は未来の命に対する重大なアンフェアである。また、人類の発展だけを考えた社会はその他の生物に対するアンフェアであり、人類にその権利はない。持続可能性は経済合理性よりこれを優先する。

一、何故を問う社会

時代と共に変化し続ける社会において、あらゆる制度の合理性は常に問われなければならない。何故そうあるべきなのか？という問いを常にぶつけ、フェアの概念に照らしてその合理性、正当性を問い直すことが、多くの人にとって納得できる社会制度を作る術である。過去にそうだったからという理由だけで現状を追認する思考停止に陥ってはならない。

一、他を尊重する社会

我々は他を尊重しなければならない。他とは自己以外の全てを指し、人、生物に限らずあらゆるものを指す。他は自己と違い、自己でないからこそ存在意義があるのであって、多様性が我々の社会を豊かにする。我々は、過去あらゆる文明において、異質な他を排除する行為が生んだ悲惨な歴史に目を向けるべきである。違いを認め合い、自己以外を尊重する気持ちがフェアな社会の下地を作る。

一、多様な価値を生かす社会

現状の我々の価値基準は極めて一元的になっており、貨幣に換算できる経済的価値が他の価値を凌駕している。したがって、その獲得が社会の支配的な行動様式となり、その有無が実質的階層を生み出し、アンフェアな状況を作り出している。我々は本来、経済的価値の創出、消費のために生まれたわけではなく、他にも多様で大事な価値があることを知っている。仮にそれらが貨幣価値に換算できず、経済的合理性を持たないとしても、それは現在の政治経済体制、金融制度の問題であり、我々は制度の改善に努めつつ、それらの価値を真理の目を持って見通し、守り、将来に残す責務を負う。

一、関わり合う社会

他との違いを認め、フェアに共存し、自己以外の世界と関わり合うことにより、自己だけでは生み出せない何かが生まれ、それが社会を未来に進める。生み出されるもの全てが善とは限らないが、関わりを通じて生じる問題は、関わりを通して解決できる。社会とは、なるべく多くの関わり合いを演出する舞台であり、それを阻害する要因は最大限排除されなければならない。それは集合、移動、コミュニケーション等、関わり合いに要する手段にかかる経済的、時間的、肉体的、精神的負担その他、人の活動を抑制する全ての障害を指す。

以上

【著者紹介】

大西つねき（おおにし・つねき）

1964年、東京都生まれ。

1982年、上智大学入学。

1984-85年、奨学金にてシアトル大学留学
1986年、上智大学卒業。

同年、J.P.モルガン銀行入行、為替資金部／為替ディーラーとして勤務。

1991年、バンカース・トラスト銀行入行。為替、債券、株式先物トレーディングを担当。

1996年、銀行退職。株式会社インフォマニア設立、同代表取締役。

2004年、ピッツェリア・マルターノをオープン。

2011-12年、震災復興のお手伝いで、石巻と住まいの間を30往復。

2011年、政治団体「日本一丸」設立、同代表。

2015年、政治団体の名称を「フェア党」に変更。

2016年、横浜市青葉区・緑区で街頭活動を開始。

2017年、衆議院選挙に立候補。

2019年、参議院選に比例区で出馬。

著者…………大西つねき

印刷／製本……モリモト印刷株式会社
編集／制作……有限会社閏月社

私が総理大臣ならこうする

日本と世界の新世紀ビジョン

2018年12月15日　初版第1刷発行
2024年9月15日　初版第7刷発行

装幀…西垂水敦（krran）

発行者…………德宮峻
発行所…………図書出版白順社　113-0033 東京都文京区本郷1-28-36
TEL 03(3818)4759　FAX 03(3818)5792

ISBN978-4-8344-0251-3